KB091781

논픽션
글쓰기
전설
　　들

논픽션 글쓰기 전설들

콘텐츠 발굴에서 스토리텔링까지, 12인의 스타일리스트에게 묻다

초판 1쇄 발행 2023년 12월 22일

지은이	조문희 이지훈 이창수 전현진
펴낸이	이영선
책임편집	이민재
편집	이일규 김선정 김문정 김종훈 이민재 김영아 이현정
디자인	김회량 위수연
독자본부	김일신 정혜영 김연수 김민수 박정래 손미경 김동욱

펴낸곳 서해문집 | 출판등록 1989년 3월 16일(제406-2005-000047호)
주소 경기도 파주시 광인사길 217(파주출판도시)
전화 (031)955-7470 | 팩스 (031)955-7469
홈페이지 www.booksea.co.kr | 이메일 shmj21@hanmail.net

ⓒ조문희 이지훈 이창수 전현진, 2023
ISBN 979-11-92988-41-2 03700

논픽션
글쓰기
전설
들

콘텐츠 발굴에서
스토리텔링까지,
12인의 스타일리스트에게
묻다

조문희

이지훈

이창수

전현진

서해문집

한국의
'진짜 이야기꾼'을
만나다

한국에는 왜 괜찮은 논픽션이 없을까?

주변 기자들과 만나는 자리는 이따금 푸념으로 끝났습니다. 기사를 열심히 쓰고 있지만 사안의 진면목을 온전히 드러냈다는 기분은 왜 들지 않는지, 한바탕 '단독 전쟁'을 치르고 나면 허탈하다는 감상을 많이 나눴습니다. 장삼이사의 이야기는 아주 별난 일이 있을 때나 인물면에 짧게 소개될 뿐, 사소한 일상에 담긴 사회 구조가 세밀하게 드러나는 일은 좀체 없었습니다. 유력 정치인의 말 한마디를 전한 짧은 기사는 조회수 최고치를 찍는 반면, 시간과 열정을 바친 기획기사는 무관심에 스러지곤 했습니다. '이대로도 괜찮을까', 혼잣말처럼 던지는 물음에 고개 끄덕이는 기자는 없었습니다.

　　각각 5-8년차 젊은 기자인 저희 저자들의 모임은 이런 문제의식으로 시작됐습니다. 몸담은 조직도 담당하는 부서도 다르지만 각자 생각하는 '좋은 기사'를 공유하고 그렇게 생각하는 이유를 논의하곤 했습니다. 한국 언론의 기사도 없지 않았습니다만, 첫손에 꼽을 만큼 훌륭한 글은 대부분 외국 언론의 산물이었습니다. 수천, 수만 단어에 이르는 장편 기사는 때로 '논픽션'이란 타이틀을 달고 출판 시장에 나왔습니다. 한 사안을 입체적으로 서술하면서도 소설 같은 짜임새가 있어 독자를 몰입시킨다는 공통점이 있었습니다. '언젠간 우리도', 의지를 다지면서도 뒷맛이 씁쓸했습니다.

정말 없을까?

아쉬움을 품은 이가 지금의 젊은 기자만은 아닐 것이라고 믿었습니다. 찬찬히 서점을 뒤지고 독서 경력이 풍부한 주변인과 출판업계 담당자에게 질문하며 한국의 논픽션을 찾아 나섰습니다. 그 결과는 '당연한 의외'였습니다. 우리가 몰랐을 뿐, 팔리는 논픽션을 추구한 작가들은 한국에도 존재했습니다. 먼 과거의 유물이 아니라 현재 진행형이었습니다. 이들 작가가 어쩌다 논픽션 저술의 세계로 뛰어들게 됐는지, 어떻게 취재하고 글을 썼는지 궁금했습니다. 고경태, 고나무, 김당, 김동진, 김충식, 박상규, 이문영, 이범준, 장강명, 조갑제, 한승태, 희정…. 2021년 하반기부터 2년에 걸쳐 저희가 만난 열두 명의 작가입니다.

이들의 면면은 다양합니다. 현직 기자부터 전업 르포르타주 작가, 소설가, 기록노동자, 콘텐츠 기획사 대표까지. 첩보 및 범죄에서 노동, 사법, 전기, 역사물에 이르는 소재의 스펙트럼도 장대합니다. 일부 작품은 오랜 시간의 검증을 견딘 '레전드'로 꼽히는 반면 일부는 '이게 논픽션이냐'는 등 의심을 받습니다. 하지만 이들이 업계에 긴장을 불어넣는 '메기'라는 덴 이견이 없을 것입니다.

'진짜 이야기'를 쓰는 사람들

이들 열두 작가를 저는 '진짜 이야기꾼'이라고 부릅니다. 모두 '사실에 기반하되, 소설처럼 구성을 고민한 글'을 썼기 때문입니다. 퓰리처상 수상자들의 스승이라 불리는 미국 저널리스트 잭 하트Jack Hart는 이같은 글을 '내러티브 논픽션'이라고 정의합니다. 다른 말로는 '이야기 논픽션'(고나무 작가), '진짜 이야기true story'(하버드 니먼 재단), '크리에이티브 논픽션'(소설가 임현)이라고도 합니다.

　　명명이 복잡한 까닭은 논픽션이란 단어가 엄밀하게 쓰이지 않은 역사에 있습니다. 중고등학교 교과 과정의 영향인지 많은 이들이 논픽션을 '비문학' 즉 문학 바깥의 모든 글쓰기 장르로 이해합니다. 장강명 작가는 어느 지면에선가 "교양서적, 실용서적, 사전, 영어 회화책도 논픽션으로 봐야 하나"라고 냉소한 적이 있습니다만, 보통 논픽션으로 분류되는 작품들 사이에도 세부적 차이가 있다고 생각합니다. 예를 들어 제레드 다이아몬드의 《총, 균, 쇠》(2005)가 한국에서 가장 성공한(?) 논픽션임을 부정할 사람은 많지 않을 테지만, 이 작품은 '이야기 논픽션'보다는 과학적 탐구 결과를 나름의 짜임새를 갖춰 풀어낸 '연구 논픽션'이라고 봐야할 것입니다. 실화를 전하는 에세이 장르도 논픽션의 한 갈래로 평가됩니다.

그들이 '진짜'를 이야기하는 법

열두 작가를 묶는 공통분모는 여기까지입니다. '구성을 고민한다'는 점이 같을 뿐 이들은 무엇이 구성에서 중요하냐는 판단부터 어떻게 구성하느냐는 방법론까지 세세한 쟁점 하나하나 생각을 달리했습니다. 예를 들어 팩트스토리 대표 고나무 작가는 캐릭터와 장면을, 장강명 작가는 기승전결의 전통적 서사 구조를 강조합니다. 잭 하트가 《논픽션 쓰기》(2015)에서 내러티브의 핵심으로 '발단-상승-위기-절정-하강' 구조의 포물선을 언급한 것과 결이 다르지 않습니다. 반면 《한겨레》 이문영 기자는 "기법으로서의 내러티브에는 별 관심이 없다"고 말합니다. 그의 책 《노랑의 미로》(2020)는 통상적 기삿거리와 작법에서 벗어날지라도 등장인물 개개인에게 '말할 공간'을 주는 데 관심이 많아 보입니다. 때로 추상적이라는 비판을 "감수하는" 그의 문장은, 실은 독자들이 "멈춰 서서 생각해보도록" 부러 만들어낸 결과물입니다. 조갑제 작가는 또 달라서, "작법보다는 영향력에 주목해야 한다"며 "특종"의 가치를 강조합니다.

사실의 함량 차도 눈에 띕니다. '진짜 이야기'라고 할 때 '진짜'의 범위가 어디까지냐는 논점입니다. 김동진 작가는 "논픽션은 70%의 팩트에 30%의 상상이 가미될 수밖에 없다"는 입장입니다. 그는 1923년 경성 한복판에서 벌어진 일본 경찰과의 총격전 당시 김상옥 의사의 내면 풍경을 묘사하지만, 정작 김 의사는 격전 중 사망해 조사 기록을 남긴 것이 없습니다. 반면 김당 작가는 취재로 밝힌 사실 외의 것은 쓸 수 없다고 말합니다. 첩보의 세계를 다룬 저술 특성상 법정 분쟁 등을 대비한 것이라고 짐작합니다만, 논픽션이 '역사적 기록'이라는 작가 본인의 신념이 일단 강해 보입니다. 그는 취재 대상을 꼭 실명으로 적고, 자동차 번호, 호텔 방 넘버 같은 어찌 보면 불필요한 디테일까지 정확히 씁니다. 이범준 작가는 취재 기간, 참고한 자료의 분량, 인터뷰한 사람의 숫자와 녹음 시간까지 공개합니다.

이 차이를 저는 각자의 소재나 추구하는 바가 다른 탓으로 짐작합니다. 예컨대 김동진 작가의 재료는 '닫힌 과거'입니다. 사안의 실체는 이미 존재하며, 작가의 역할은 이를 '발견'해 현재의 독자들이 전모를 이해할 수 있도록 잘 전달하는 것입니다. 인터뷰 내내 그가 "인터프리터(통역사·해설자)"를 자처한 것은 이 같은 생각의 발로 아니었을까요. 한편 "특종"을 강조하는 조갑제 기자에게 어떤 사안은 '발굴'을 통해서만 그 모습을 드러냅니다. 이문영 기자라면 '재발견'을 주장할 것 같습니다. 엄연히 존재함에도 지배적인 목소리에 밀려 묻히는 이야기가 있다고, 누군가는 그것을 굳이 찾아내려 애써야 한다고 그가 믿기 때문입니다. "편파적일수록 꼼꼼해야 한다"는 희정 작가의 말은 또 어떻습니까. 이들의 다름은 '사실'과 '진실'이 맺는 미묘한 관계를 드러냅니다. 진실은 사실의 종합인가요, 사실만으로는 도달할 수 없는 먼 존재인가요. 이 책은 선뜻 답하기 어려운 이 물음에 대한 열두 번의 대화이기도 합니다.

'거인의 어깨'에 서는 시간

책을 쓰는 동안 눈이 뜨이는 경험을 여러 번 했습니다. "논픽션을 쓰려는 사람은 논픽션과 소설의 차이보다는 뉴스와 논픽션의 차이를 고민해야 한다"는 고나무 작가의 말이 한 예입니다. 뉴스는 '살인 사건의 피의자 A씨가 경찰 조사를 받았다'는 알림에 그칠 때가 많습니다. 하지만 A씨나 그를 면담한 경찰관이 주인공인 이야기 논픽션은 면담 현장 조명이 무슨 색이었는지, A씨는 무슨 옷을 입었는지, 표정은 어땠는지 등을 반드시 담아야 합니다. 당연히 질문도 경찰에게 "조사 마쳤습니까" 묻는 수준이어선 곤란합니다. 취재할 때 강조점 자체가 바뀌어야 합니다. 박상규 기자는 조금 더 분명하게 "장면을 취재하려면 아무래도 취재 과정에서 더 많은 것들을 물어볼 수밖에 없다"고 말합니다.

《논픽션 글쓰기 전설들》이 좋은 기사에 욕심내는 기자, 작가 지망생뿐만 아니라 글쓰기에 관심 있는 일반 독자에게 두루 찾아가기를 소망합니다. 글이 잘 써지지 않을 때 극복하는 방법, 영감을 주는 논픽션 작품 내지 문화 콘텐츠의 목록, 취재 기록을 보관하고 정리하는 방법 등은 '쓰는 사람'이라면 누구나 궁금하지만 섣불리 묻지 못하는 '작업 비법'입니다. '낚시'(이범준 작가) '뻗치기'(김충식 작가) 등 인터뷰 스킬을 실제 작업 과정에서 사용한 생생한 경험담은 이 책을 읽는 즐거움이 될 것입니다. 인터뷰 한 편 한 편이 '진짜 이야기' 최전선의 고뇌와 열정을 담은 휴먼 드라마입니다.

'논픽션이 팔리겠어?' 궁금한 여러분에게 이 책을 바칩니다. 외국에서 이야기 논픽션은 이미 중요 장르로 분류되며, 상업적으로도 성공을 거뒀습니다. 미국 탐사보도 매체 프로퍼블리카의 《믿을 수 없는 강간 이야기》(2019)가 넷플릭스 동명 드라마로 탄생한 것이 한 예입니다. 한국에서도 그 씨앗은 이미 여럿 보였습니다. 드라마 《날아라 개천용》(2020), 《악의 마음을 읽는 자들》(2022)과 영화 《밀정》(2016), 《공작》(2018), 《남산의 부장들》(2020)은 이 책에 등장하는 열두 작가의 논픽션을 원작으로 하거나, 거기서 영감을 받아 탄생한 작품들입니다. 어떻게 잘 써낼지가 문제일 뿐, '실화의 힘'은 결코 미약하지 않습니다. 저희는 이야기 논픽션이 여전히 '저평가된 장르'라고 확신합니다. 정치·사회·역사 교양서의 애독자는 이 책에서 관심 분야의 양서를, 소설을 즐겨 읽는 독자는 '작법'에 대한 작가들의 치열한 고민을 마주할 것입니다.

　　지난한 작업에 선뜻 나설 수 있던 것은 같은 회사 선배인 전현진 기자 덕분입니다. 가슴 따뜻한 이야기부터 범죄 수사 활극까지, 그가 경찰·법원을 취재하며 작성한 '뭔가 다른' 기사를 보며 많은 자극을 받았습니다. 저자들을 첫 논의의 장으로 이끈 것도 그였습니다. 최근 〈길고양이 킬러를 추적하다〉를 《계간 미스터리》에 게재한 그는 조만간 마약 범죄를 다룬 책으로도 독자를 찾을 예정입니다. 이창수 기자는 신문사를 그만둔 후 개발 공부를 하더니 좋은 기사를 리스트업 하는 사이트 '단독의 숲'을 오픈해 주변을 놀라게 했습니다. 숨은 보석 같은 탐사·심층 보도물을 빠짐없이 탐독하는 그에게선 늘 좋은 논픽션을 향한 야망이 풍깁니다. 이지훈 기자는 한국예술종합학교에서 영화 시나리오를 쓰고 있습니다. 기자의 취재와 작가의 창작이 하나 되어 탄생할 결과물을 기다립니다.

　　저도 써보겠습니다.

2023년 12월, 저자들을 대표해
조문희

일러두기

- 인터뷰의 현장감과 말맛을 전달하기 위해 문답의 구어체 표현을 가급적 그대로 살렸습니다.

- 기사와 논문, 노래 제목 등은 홑화살괄호로 표기했습니다. 단행본을 비롯한 장편영화, 매체명 등은 겹화살괄호로 표기했습니다.

  (예: 〈남산의 부장들〉은 《동아일보》에 1990년부터 2년간 연재된 김충식 기자의 대표작으로, 이를 바탕으로 동명의 단행본 및 영화 《남산의 부장들》이 출간·제작되었다.)

- 본문에 소개된 외국도서의 발행연도는 원서의 최초 출간연도입니다.

본론에서
벗어날
용기

명랑한 모험가

한
승
태

"사회적인 메시지도 물론 중요하죠. 하지만 다시 꺼내서 읽어보고 싶은 책을 만드는 것이 더 중요하지 않을까요. 때로는 본론에서 벗어나는 용기가 필요하다고 봐요."

한승태
'몸으로 쓰는' 르포작가. 몇 달, 몇 년을 겪고 관찰한 다음에야 책을 썼다. 《인간의 조건》과 《고기로 태어나서》는 그러한 노동의 결과물이다. '노동 3부작'을 마무리한다는 단기 목표를 갖고 있다. 물성을 가진 글과 책을 배타적으로 사랑한다.

타조알 얼굴에 에반게리온 어깨. 작가 한승태의 첫인상이다. "생각보다 마르셨…네요?" 악수차 내민 손이 길고 곱다. 마주 잡고 꾸벅, 잠깐 인사한 뒤 곧추세운 머리는 천장에 닿을락 말락 하다. "키도 크…시네요?" "그런가요? 하하." 187센티미터라고 하는데, 얼굴이 작고 어깨가 넓어서인지 아무래도 더 커 보인다. 키를 줄여 말하는 사람도 세상에 있다더니, 주변을 괴롭게 하는 희귀종인가. 고개를 갸웃하며 바라본 눈동자가 검은 뿔테안경을 뚫고 빛난다. 그리고 미소, 소년처럼 씩-.

그의 책을 읽으며 편견을 꽤 가졌던 모양이다. 첫 작품 《인간의 조건》(2013)에서 그는 꽃게잡이 배의 선원에서 비닐하우스 농부로 바다와 육지를 오가고, 자동차 부품공장 노동자부터 편의점 알바생까지 공장지대와 도심 한복판을 돌아다닌다. 그다음 작인 《고기로 태어나서》(2018)는 닭, 돼지, 개 농장에서 일한 기록이다. 힘깨나 쓰는 팔뚝에 손가락 두툼한 '어른 사내'일 줄 알았는데. 셜록 홈즈가 살아나도 이 사람 직업은 못 맞출 것 같다.

단서라면 옷차림. 그는 '노스페이스' 플리스 재킷과 함께 왔다. 두툼한 패딩은 벗어 의자에 걸었고, 재킷 안에는 흰색 티셔츠 하나를 겹쳐 입었다. "막 일하고 오는 참이에요." 인터뷰 당시 그는 한 유명 고층빌딩에서 청소 업무를 하고 있다고 했다. 얼굴은 목보다 살짝 까만 편, 눈에 띌 정도는 아니었다. 한창 바깥일을 하던 그가 비닐하우스 농장을 찾아갔다가 "한국 사람이야?"라는 질문을 받은 에피소드(《인간의 조건》)가 생각났다. 일터가 달라지면 피부색까지 바뀌는 '찐' 일꾼이다.

그는 자신의 취재와 서술 방식을 두고 "슬쩍 들어갔다가 나오는 게 제 성격에는 맞는 것 같다"고 말했다. '슬쩍'은 어폐가 있는 말이다. 그는 2007년부터 2011년까지 5년 동안의 노동 경험을 토대로 첫 책을 썼다. 두 번째 집필도 4년간 일한 다음에 착수했다. 그는 "조지 오웰의 책 《파리와 런던의 따라지 인생》(1933)을 모티프로 삼았다"고 책에

한승태

썼는데, 오웰이 두 도시에서 부랑자로 산 기간도 5년이다. 얼마나 몰두해 살았던지, "일이 끝날 때쯤엔 '야 이렇게 당연한 걸 가지고 책을 쓰는 게 말이 되나' 생각이 든다"고 했다. "밖에서 되돌아보면, '그때 내가 왜 그랬지' 싶죠."

　　인터뷰 중 그는 '키 덕분에 인력시장에서 눈에 쉽게 띄었다'며 농담했지만, 독자는 290밀리미터 발에 맞는 장화가 없어 고생한 그의 경험을 알고 있다. "힘든 거 키 큰 애 시켜"라는 말이 유행한 농촌 마을 에피소드에서 그가 겪었을 설움을 짐작한다. 그런 고생담도 대부분 유머러스하게 전개된다. 괴로움의 '뒷면'까지 직시하기에 가능한 서술이다. 작가로서 "(긴 책을) 끝까지 읽게 하는 힘"을 욕망한 결과물이기도 하다.

　　한승태의 글은 한 편의 완결된 소설과는 다르다. 소설보다는 에피소드의 모음에 가깝고, 그마저도 갈등의 발단은 있지만 이렇다 할 절정 없이 흐지부지 끝나거나 해소된 줄 알았던 위기가 다른 현장에서 비슷한 방식으로 반복된다. 《고기로 태어나서》의 목차는 '닭고기의 경우' '돼지고기의 경우' '개고기의 경우'로 단순하다. 이야기는 '일하기 시작했다, 몸도 마음도 힘들었다, 그만뒀다'는 구조로 요약된다. 그렇다고 그의 이야기에 짜임새가 없다고 말할 수 있을까. 기자 출신 작가 장강명은 "르포는 픽션으로 치면 모험소설과 비슷한 구성이고, 1인칭 화자는 주인공인 모험가 역할을 한다"고 말한 바 있다.

참, '한승태'는 그의 필명이다. 어릴 적 즐겨 읽은 명랑 학원물의 주인공 이름에서 따왔다. 사진은 싣지 말아 달라고 당부했다. "앞으로도 일해야 하는데, 얼굴이 알려지면 힘들어요." 2022년 2월, 명랑한 모험가를 만나 이야기를 들었다.

———

2018년《고기로 태어나서》를 출간한 후 시간이 많이 흘렀습니다. 어떻게 지내세요.

다음 책을 준비하고 있어요. 2019년엔가, 인공지능AI 발전으로 대체될 일자리 순위가 발표된 걸 보고 '이거다' 싶었어요. 순위표상 높은 자리에 있는 직업 순서대로 경험하고 있습니다. 텔레마케터가 대부분 발표에서 1위라, 얼마 전까지 대형마트 AI 고객센터에서 콜센터 상담원으로 일했어요. 요즘은 고층빌딩을 청소합니다. 오늘도 일 마치고 오는 길이에요.

줄잡아 5년 주기로 책을 내셨어요(2023년 역시《고기로

태어나서》이후 5년째 되는 해다). 그사이 생계는 어떻게
해결하세요.

노동을 하죠.(웃음) 책 소재인 동시에 생계 수단이에
요. 책 인세를 받긴 하지만 금액이 크지 않아요.

《인간의 조건》에 "어느 날 일을 마치고 고시원에 돌
아와 생각해보니 그동안 겪어본 직업이 꽤 여러 가지
였다. (…) 책을 한 권 써야겠다고 마음먹었다"라고
쓰셨어요. 애당초 글을 위해 일을 시작한 건 아니었나
봐요.

실제로 일이 먼저였어요. 원래 글 쓰는 걸 좋아하긴
했죠. 생계를 위해 일했고, 글 쓰고 싶은 마음은 저녁마다
일기를 쓰며 풀었어요. 나중에야 '나중에 이걸 모아서 책으
로 내보면 어떨까' 하는 생각이 들었죠.

책에는 어선 얘기가 먼저 나와요. 첫 직장치고는 예사
선택이 아니네요.(웃음)

돈이 정말 궁했거든요.(웃음) 그때가 졸업 직후, 스물
여덟쯤이었어요(그는 현재 40대 초반이다). 부모님은 제게 '공
무원이 돼라'고 바라셨는데, 저는 글을 쓰겠다고 우겼거든
요. 갈등이 심했고, 결국 집을 나왔어요. 그런데 보증금으

로 쓸 목돈이 없는 거예요. 그때 눈에 띈 게 어선 광고였어요. 단기간에 큰돈을 모을 수 있다는.(웃음) 그때만 해도 이걸로 글을 쓰겠다는 생각은 아니었어요. 그래도 '이런 경험은 나중에 쓸 수 있을지도'라는 막연한 예감 정도는 있었죠. 나름 전략적 선택이었습니다.

전업 노동자가 아니어서 구직 과정에서나 일할 때 티가 나진 않던가요. 키가 유난히 커서 눈에 띄기도 하고요. 거친 뱃사람에 대한 신화가 있다 보니 두려웠을 것도 같은데요.

배 타기 전에는 어쩐지 거기 사람들은 전부 전과자고, 문신이 있을 것 같아서 두려웠어요. 저는 이력을 다 속이고 들어가니까, 말하다가 들킬까 봐 조바심 들 때도 있고요. 그런데 막상 일하다 보면 생활만 다를 뿐 다 평범한 사람들이고, 저한테도 특별히 관심이 없어요. 키도 그저, 크니까 쓸모 있겠지, 눈에 들어오는 정도? 그냥 거기 녹아드는 거죠.

다른 장르 말고 '논픽션'을 택한 이유가 있나요?

처음부터 논픽션 작품을 써야겠다는 결심이 있던 것은 아녜요. 좋아하기는 했죠. 실화와 기록물이 주는 무게감이 마음에 들었어요. 픽션은 상대적으로 휘발성이 강한 느낌이랄까. 처음부터 그랬던 건 아니고요. 어릴 때는 이것저것 많이 읽었어요. 대학을 춘천에서 다녔는데, 문학 동아리 활동을 했어요. 졸업 후엔 그 가락으로 신춘문예를 포함한 여러 공모전에 투고했는데 한 번도 안 됐어요.(웃음) 그러다 일을 했고, 조금씩 논픽션을 더 선호하게 된 것 같아요. 현실에서 아르바이트를 하고 나니 책을 읽는 감상도 달라졌달까. 나이가 들면서 자연스레 바뀐 것일 수도 있고요.

써보고 나니 더 알게 됐어요. 이게 내게는 더 잘 맞는구나. 공모전에 넣었다가 안 된 글에 비하면, 배 타고 돌아와서 쓴 글에서는 어떤 '선'을 넘어섰다는 느낌이 들었어요. 순전히 주관적 느낌이지만, 디테일이나 표현 방식, 표현 수위 모두가 꽤 마음에 들었습니다. 직접 보고 들은 사람들 얘기, 대화를 그대로 적었는데, 머릿속에서 지어낸 것과는 맛이 다르더라고요.

한승태의 글을 읽은 사람은 누구나 그의 '맛깔나는' 표현을 입에 올린다. 일터에서 만난 아저씨들이 내뱉은 욕설을 있는 그대로 적시하지만 불편하지 않다. 그 자신의 서술에도 유머가 묻어난다. 돈사장에서 그는 돼지 똥을 물에 풀어 논에다 뿌리는 일을 한 적이 있다. 똥도 비료니까. 그런데 호스가 두꺼운 데다, 똥물의 수압이 높아 팔심만으로는 붙들기가 어려웠단다. 다리 사이에 끼워봐도 호스가 이리저리 날뛰었던 모양이다. "입으로 설사를 내뿜는 아나콘다의 등에 올라 로데오를 하는 기분이 들었다." 병아리 부화장에서 일한 경험은 이렇게 썼다. "산란계 병아리 작업을 빼놓고 부화장에 대해 이야기하는 것은 재닛 리가 샤워실에 들어가기 직전까지만 보고 (영화)《사이코》(1960)에 대한 평을 하는 거나 마찬가지다."

문장이 유머러스한 걸로 정평 나 있어요.

개인적 취향인데, 원래 유머가 있는 문장을 좋아합니다. 재밌는 표현이 있으면 따로 적어놨다가 기회가 될 때 이리저리 바꿔 적용해봐요. 《고기로 태어나서》를 쓸 때는 더글러스 애덤스Douglas Adams의 책 《마지막 기회라니?》(2010·2014)를 보며 도움을 많이 받았어요.

중간중간 재밌는 에피소드를 배치한 것도 특이해요. 노동 현장의 비참을 다루는데도 읽다 보면 웃음이 나와요.

취향인 동시에 의도적 선택이에요. 벌어진 일을 있는 그대로 촬영한다면 얼마나 지루하겠어요. 촬영이란 결국

한승태

전체 중 특정 장면을 잡아내는 것이고, 제가 잡는 기준은 '재미'였어요. 어떤 일을 겪게 되면 머릿속에서 유머러스한 상황으로 정리를 해요. 거짓말로 지어내려는 게 아니라, 그 상황에서 웃기거나 '웃픈' 지점을 찾아보는 거죠.

기자분들도 이런저런 노동을 하고 르포 기사나 책을 많이 내잖아요. 귀담아들을 만한 메시지가 많지만, 전달 방식은 뭐랄까, 내부 문서 같은 느낌이에요. 그 이슈와 주제에 공감하는 사람하고만 소통하는 글요. 그래서인지 내용은 참 좋은데도 파급력이 강하지 않은 것 같아요. 저는 논픽션을 쓸 때 좀 다르게 해보고 싶었어요. 어떤 심각하고 어두운 주제든 재밌게 쓰고 싶다는 것이 우선순위였죠.

재미가 일종의 파급력 확보 수단이군요

두 가지 측면인데요. 끝까지 읽게 만드는 힘이라는 점에서 일단 필요하고, 저자의 메시지를 독자가 받아들이게 만드는 '쿠션'으로도 유용해요. 논픽션은 태생적으로 사회적인 이슈를 다루는 만큼 메시지와 연결되기 때문에, 도덕적인 톤이 자연스레 들어가는 것 같아요. 도덕적 메시지가 나쁘다는 건 아닌데, 독자의 자의식을 자극하는 면이 있잖아요. 누가 가르치려고 하면 '그건 아닌데' '내 생각은 다른데' 툭툭 반발이 튀어나오는 것처럼요. 어떤 책을 향유하는 데 걸림돌이라고 생각해요. 유머는 도덕적인 메시지를 자연스럽게 전달하는 방법 같아요. 같은 메시지라도 웃음을 동반하는 쪽이 받아들이기 편하잖아요.

《고기로 태어나서》는 '동물 농장'의 현실을 고발하는 책인데, 주제와 별도로 '사람' 얘기가 많이 등장해요.

역시 재미의 연장선상이에요. 《고기로 태어나서》가 460페이지 정도 될 건데, 가편집본은 그보다 훨씬 두꺼웠어요. 동료들과 나눈 잡담, 그들의 과거사, 쉬는 날 다 함께 놀았던 일, 그런 시시콜콜한 얘기가 다 들어갔거든요. 출판사에서는 맥락에서 벗어난 얘기를 모두 잘라내고 식용 동물이라는 본론에 집중하라고 했어요. 저도 그 말을 따랐죠. 그런데 막상 다 고치고 다시 읽어보니 영 재미가 없는 거예요. 그래서 반대로, 동물의 처지를 고발하는 내용을 중복된다 싶으면 잘라내고 사람 얘기는 살려봤어요. 그게 낫더라고요. 이제야 좀 읽을 맛이 난다 싶었죠. 사회적인 메시지도 물론 중요하죠. 하지만 다시 꺼내서 읽어보고 싶은 책을 만드는 것이 더 중요하지 않을까요. 때로는 본론에서 벗어나는 용기가 필요하다고 봐요.

그는 이 대목에서 《트리스트럼 샌디》(1759)를 쓴 영

한승태

국 작가 로렌스 스턴Laurence Sterne의 말을 인용했다. 요약하면 이런 얘기다. 몹시 추운 겨울날, 두 사람이 별도 들지 않을 만큼 나무가 우거진 숲을 지난다. 첫 번째 사람은 앞만 보고 걷는다. 춥고 갈 길이 멀다며 주머니에서 손을 빼지 않는다. 반면 두 번째 사람은 이따금 걸음을 멈춘다. 숲을 벗어나 햇빛 좋은 잔디밭에서 몸을 녹이고, 간식을 먹으며 주변 경치에 감탄하다가 다시 숲길로 들어선다. 둘 중 누가 이 여행이 즐거웠다고 추억하게 될까. 책 읽기도 여행과 다르지 않다는 것이 그의 주장이다.

말씀하신 대로 긴 글이잖아요. 다 쓰는 데 얼마나 걸렸나요?

첫 번째 책은 금방 썼던 것 같아요. 한 9개월?

9개월이 '금방'은 아닌 것 같은데요.

일하는 시간을 빼고 책만 쓰는 시간이 그랬어요. 저는 일을 모두 마친 뒤부터 글을 쓰거든요. 일하는 동안 쓴 일기를 사초 삼아서 쭉 읽어보고 정리해요. 분해하고, 재조립하고, 챕터 단위로 정돈하는 거죠.《고기로 태어나서》는 더 걸렸어요. 1년 좀 넘었나? 전 오히려 기자분들이 신기하던데요. 기사를 매일 어떻게 그렇게 쓰시는지.

손에 익은 양식이 있거든요. 어떤 일이 벌어졌다, 이런 사실관계를 전하는 기사를 '발생 기사'라고 하는데, 이런 건 금방 쓰죠. 마감 시간이 얼마 안 남았다면 1000자 짜리를 10분 안에도 써요.

저는 기자 못하겠네요.(웃음)

장르가 다른 거죠. 기획기사는 저도 몇 날 며칠 걸려요. 일을 하면서 동시에 글을 쓰지 않는 덴 이유가 있나요?

일부러 그런 건 아녜요. 현실적으로 제가 찾는 현장은 메모할 상황이 안 돼요. 예를 들면 콜센터는 핸드폰을 다 반납한 다음에 일을 시작하거든요. 하루 일을 마친 뒤 그날 대화, 눈에 띈 것, 들은 것 포함해서 생각나는 건 다 써둬요. 또 현장에서의 작업 감각이라고 해야 하나? 그런 게 남아 있을 때는 글을 안 쓰게 돼요. 시간이 지나고, 그때의 감정이나 기억에 좀 무덤덤해질 때 '이제 좀 제대로 글을 쓸 수 있겠다' 싶어요.

취재 기록을 뒤적이는 것만도 보통 일이 아니겠어요.

날짜별로 무슨 내용이 들어가 있다는 표를 만들어 둬요. 1월 30일에 무슨 내용이 있다, 2월 2일에는 뭐가 있다… 간략히 적어두는 거죠. 전부 다 읽어볼 필요가 없도록 요. 나중에 그 표를 한꺼번에 어딘가 붙여놔요. 내용이 한 눈에 들어오게요. 조그마한 연습장을 벽에 붙여놓고 쭉 보는 거죠.

다르게 써볼 생각은 안 해보셨어요? 작가님 글은 '르포'인데, 똑같은 논픽션이라도 마이클 루이스Michael Lewis(《머니볼》의 작가)처럼 스토리텔링 위주의 글은 영화화가 되잖아요. 넷플릭스에 판권만 팔아도. (웃음)

저는 그냥, 이게 좋아요. 성격 문제 같아요. 그런 글을 쓰려면 인터뷰를 요청하고, 각 잡고 만나고 그래야 하잖아요. 저는 그런 게 잘 안 돼요. 그냥 슬쩍 들어갔다가 나오는 게 제 성격에 딱 맞아요. 다른 세계라고 생각해요. 처음부터 이런 의도를 갖고 이 세계로 들어선 건 아니었지만, 한 번 몸에 익으니까 제 인생의 틀로 잡혀버렸어요. 좋으냐 나쁘냐를 떠나서 이게 익숙해요. 무엇보다 전 책이 좋아요. (웃음)

'슬쩍'이라는 말은 이상해요. 첫 책에 5년, 두 번째 책에 4년의 노동을 담았으면 아주 '푹' 들어간 거죠.

그렇네요. (웃음)

책에 "동물들과 마주하면서 지냈던 시간은 나를 약자의 고통에 민감한 사람으로 만들지 않았다. 반대로 나는 무감각해졌다"라는 문장을 썼어요.

제가 '동물 농장'에 있을 때는 폭력이 이상한 일이 아니었어요. 오히려 그 메커니즘에 빨리 동화되는 게 중요했죠. 이를테면 동물의 등을 때린다거나, 케이지를 쳐서 말 안 듣는 동물에게 겁을 준다거나, 이런 일에 빨리 적응이 돼야 했어요. 안 그러면 동료한테 욕을 먹거나, 퇴근이 늦어져서 잠을 못 자니까요. 그 동네의 세계관이랄까, 그걸 확 빨아들이고 당연한 것처럼 여기게 되더라고요. 나중에 농장을 떠나서는 알죠. 바깥 사회에서 글을 쓰고 관련 자료를 찾아서 읽다 보면, 농장에서의 기억을 되돌아보면, 그때 제 행동은 잘못된 거예요. 하지만 그 안에 있을 때는, 물론 느낄 때도 있지만, 대개는 안 느껴져요. 못 느끼게 돼요. 그런 변화가 처음에 주기적으로 반복됐던 것 같아요. '내가 그때 왜 그랬지?' 싶다가도, 막상 또 그 세계에 들어가면 '다들 이렇게 하는 거지' 싶죠. 잠깐 경계심이 들다가도 그렇게 되는 거예요. 그러다 일의 막바지엔 이런 생각까지 들어요. '이렇게 하는 게 당연한 건데, 이걸 가지고 책을 쓰는 게 가능한가? 말이 되나?'

"들어갔다 나온다"라는 말은 특이하다. 한국 언론의 '체험형 기사'는 보통 하루, 길면 2-3일 경험을 담는다. 배달 라이더의 하루를 살아봤다, 연탄을 나르고 쪽방촌에서 하루 이틀 머물렀다는 식이다. 하루 단위로 굴러가는 기사 생산의 프로세스에선 그 정도의 체험도 귀하다지만, 늘 미진하다는 느낌을 지울 수 없다. 3일짜리 병영 캠프에 다녀오고선 군대 생활을 다 알겠다는 TV 프로그램 《진짜 사나이》(2013-2016)를 보는 기분이다. 4-5년을 쏟아 취재한 결과물과는 차이가 날 수밖에 없다.

이를 '현장성'이란 말로는 갈음하기 어렵다. 기자들도 쉽게 현장성을 이야기한다. 사건이 벌어지는 장소의 분위기, 사람들의 행동, 어조를 생생하게 담아낼수록 현장성이 있다고 평가한다. 한승태의 글을 읽다 보면 그게 전부일 수 없다는 걸 알게 된다. 매일 한 편씩 무언가를 써내는 일상의 취재 현장에서도 그렇지만, 기자들은 체험할 때도 '뭐가 문제인지' 시퍼렇게 눈을 뜬 채다. 노동자도 작가도 아닌 경계인의 시선이다. 수습기자 시절부터 짧은 시간에 뾰족한 주제를 찾아내도록 훈련받은 결과다. 한승태는 반대다. 그는 책에 "목격자가 남긴 기록과 공범이 남긴 기록의 차이"라는 말을 쓴 적이 있다. 자신이 일하는 곳의 논리를 철저히 따르고, 그 세계 속 인간이 가질 법한 감정을 온전히 느낀다. 연극·영화 용어를 빌리자면 '메소드 르포'다.

현장 특성상 책에 폭력적인 장면도 많이 나오잖아요. 돼지를 패대기치거나 개를 구타, 해체하는 장면처럼 요. 욕설이나 성적인 언어도 툭툭 등장하고요. 표현에 대한 고민은 없었나요?

어떤 장면을 가장 명료하게 잡아내 생생히 묘사하는 게 제게는 중요했던 것 같아요. 욕설이라고 해도 사회적 기록이라는 생각이 더 컸던 거죠. 폭력적인 장면 묘사는, 글쎄요. 저는 작가의 실수나 잘못을 담아내는 틀로 생각하고 있어요. 르포가 어떤 교훈이랄까, 메시지를 담아낼 수 있다면 오직 작가의 잘못된 행동을 그대로 보여줄 때 가능하지 않을까 싶어요. 작가가 아무리 간절해도 사회적, 윤리적 주장을 내뱉는 것만으로는 어떤 독자의 마음도 뚫고 들어가지 못할 거예요. 중요한 것은 독자 스스로 그러한 사회적, 윤리적 고민을 해보게끔 만드는 것일 텐데요. 저는 제 못난 모습을 드러냄으로써 독자를 같은 지점으로 끌어들일 수 있다고 생각했어요. 제 그런 행동을 보면서 독자들이 이런 생각을 하지 않을까 기대하는 거죠. '아, 저 사람은 왜 저기서 저런 식으로 처신하지? 저렇게 행동할 수밖에 없었나? 나라면 저 상황에서 이렇게 할 것 같은데' 하는 식으로요.

한승태

이런 계기가 있어야 텍스트 외부의 독자가 텍스트 안으로 쏙 들어올 수 있지 않을까 생각합니다.

닭날개를 두고 쓰신 문장은 확 와닿더라고요. 번호를 붙이려고 날갯죽지를 잡을 때마다 뼈가 툭툭 부러졌다면서 "프라이드 치킨을 먹을 때도 이렇게 쉽게 뼈를 부러뜨리지는 못했던 것 같다"라고 하셨죠.

현장에 머물다 보면 사진이 아니고서는 묘사할 수 없겠다 싶은 장면을 보게 돼요. 예를 들어 출하가 가까워진 육계 중엔 심장마비로 죽는 녀석들이 더러 있거든요. 어느 날인가, 육계 하나가 날개를 벌린 채 다리 한쪽을 사료통에 올려두고 눈을 뜬 채 죽은 걸 봤어요. 사진을 책에 쓰진 않았지만, 기억에 오래 남은 장면이에요.

저는 사진으로는 묘사할 수 없는, 하지만 글로는 묘사 가능한 것이 무엇일까 꾸준히 의식했어요. 일하는 동안 사진을 많이 찍었는데, 부화장 냄새나 닭 날개가 부러진다는 자체는 사진으로만 보면 느껴지지 않더라고요. 오감, 특히 후각이나 촉각에 집중했어요.

책과 인터뷰에서 조지 오웰을 여러 번 언급했어요. 그 외에 영향받은 작가가 있나요?

"현장에 가면 달라요.
이미지로는 잡아낼 수
없는 현실을 마주하게
돼요. '관계자 외
출입금지 구역'에
들어선 기분이죠."

일러스트 김덕기

엠마뉘엘 카레르Emmanuel Carrère의 《적》(2000)이 기억나요. 프랑스 사회에서 벌어진 가족 살인사건 이야기인데, 범인이 '의사 사칭범'이에요. 의대생인데, 의사 시험에서 떨어지고는 가족에게 붙었다고 거짓말을 해요. 그 거짓말이 10년, 20년간 산사태처럼 커져서 아내와 자녀가 생길 때까지 이어지죠. 그리고 어느 순간 들킬 시점이 되자 모두를 살해합니다. 흥미로운 건 작가 카레르가 이 살인범과 인터뷰를 했다는 거예요. 범인도 나름 변명하고픈 마음이 있었을 테고, 허영도 있었겠죠.

뭔가 배웠다는 걸 떠나서, 작가적 욕심이랄까. 그런 점에서 부러웠어요. 논픽션 작가는 '스나이퍼'라고 생각하거든요. 총을 잘 쏘는 것도 중요하지만, 목표물을 저격할 수 있는 정확한 지점을 찾고 거기까지 이동하는 게 먼저잖아요. 어떻게 보면 운이죠. 그 시점에 프랑스 사회에서 작가로 일했고, 연락했더니 범인이 응하고. 제 작품도 실은 운이 크게 작용했어요. 처음 계획은 닭, 돼지, 소 이렇게 하나씩 알아봐야겠다는 정도로 느슨했는데, 직업소개소에서 매번 다른 곳을 보내줬어요. 양계장인 줄 알고 갔더니 부화장이고, 양돈장을 가려 하니 종돈장이었죠. 부화장이나 종돈장은 몇 개 없거든요. 그때 희열을 느꼈어요. 문장이 좋다, 잘 나왔다 이런 것보다 쾌감이 훨씬 커요. 아, 여기에 들어왔구나. 여기 잡을 수 있겠다.

결과에 만족하세요?

100퍼센트 만족하는 사람이 있을까요? 하지만 그 시절의 제가 보고 듣고 겪은 건 충실히 쓰려고 했어요. 지금이라면 다르게 쓸 수도 있겠지만, 그때는 '더 이상 못 쓰겠다'는 생각이 들 만큼 힘들었거든요. 다 쓰고 후련했어요. 이제 다음 글을 써야죠.

계속 르포 작가 일을 하실 건가요.

저는 이 일이 좋아요. 같은 사회에 산다고 하지만, 남의 일은 사실 잘 모르잖아요. 어렴풋하게 이미지만 갖고 있죠. 르포를 쓰려고 현장에 가면 달라요. 이미지로는 잡아낼 수 없는 현실을 마주하게 돼요. '관계자 외 출입금지 구역'에 들어선 기분이죠. 그 차이를 보고 느끼는 게 좋아요. 제가 얼마나 무력하고 못난 인간인지 알게 되는 건 좀 별로지만요.

얼마나 더 할 수 있을지는 모르겠어요. 나이가 드니 지방으로 휙 떠나서 몇 달씩 일하고 오긴 힘들거든요. 마음에 제약도 생겼고요. 어떻게 다른 글을 쓸 수 있을지가 요즘 고민입니다.

한승태

인터뷰를 마치고 집에 가는 길, 그가 책에 남겨준 서명을 들여다봤다. 비뚤배뚤, 아이 같은 서체다. 그는 모든 글을 일단 손으로 꾹꾹 눌러 쓴다는데, 책 전개를 구상할 때도 큰 벽 한가득 이 글씨를 채워 놓았을까.

《고기로 태어나서》의 서문 격인 '통계와 클로즈업'에는 "나는 정직한 통계에도 일정한 함정이 숨겨져 있다고 생각한다"라는 문장이 있다. "삼풍백화점은 1995년에 무너졌고 502명이 죽고 937명이 부상당했으며 재산피해액이 2700억에 이른다는 사실을 읽은 사람은 자신이 이 비극을 '안다'고, 피해자들의 고통을 '이해한다'고 생각하기 쉽다." 그가 현장에 가는 이유는 '안다' '이해한다'는 생각의 실체를 직접 확인하기 위함이다.

현장에서 그는 봤다. 좁은 케이지를 견디다 못해 서로를 짓이기는 닭 이야기는 뉴스에도 이따금 등장하는 장면이다. 하지만 그들의 피가 몸에 말라붙는 촉감과 똥오줌의 냄새는 직접 맡아본 사람만이 안다. 육질을 부드럽게 한다는 이유로 마취 없이 거세당하는 수퇘지의 비명은 기사에서 들을 수 없다. 현장에서 만난 사람들과 함께 밥을 먹을 땐 '계급'을 배웠다. 우걱우걱 빨리 먹어치우는 자신과 달리 동료들의 식사가 늘 느릿한 이유가 '이빨'에 있다는 것을. 어려서부터 치아 관리받을 여유가 있던 사람과 아닌 사람의 차이였다.

무엇보다 그는 자기 자신을 배웠다. 개들의 울음소리에 질린 날, 그는 자기도 모르게 막대기로 케이지를 후려쳤다. 일순간 정적이 흘렀다. 그 침묵이 기꺼워, 갈수록 자주 케이지를 때려댔다. "나는 개농장에서 뜻하지 않게 노예 상인의 위엄을 갖춰가고 있었다." 그는 죽어 나가는 닭을 견디다 못해 양계장에서 한 달 만에 도망친 적이 있다. 비인격적으로 구는 농장주에게 따지다가 두들겨 맞고 쫓겨나기도 했다. 그는 돈사에서 뛰쳐나온 뒤 "주차장 한가운데 주저앉아 의성어를 한가득 써야만 재현 가능한 그런 방식으로 울었다"라고 썼다. 현장에 가지 않았다면 결코 마주할 일 없던 자신의 맨얼굴이다.

모험소설의 독자라면 알 것이다. 모험은 이색적인 세계와 타자의 매력에 이끌려 시작되지만, 모험의 완성은 결국 자기 자신을 발견하고 깨닫는 데 있다는 것을. 세상의 노동 현장을 다룬 그의 작품은 '인간 한승태'가 자신을 재발견하는 모험담이기도 하다.

쓰기의
발명

백발의 젊은 기자

이
문
영

"말의 빈 곳을 메우고 드러나지
않은 이야기의 길을 내고 싶어요.
저는 '이야기의 불균형'이
이 세계에 존재한다고 생각해요."

이문영
《한겨레》기자.《웅크린 말들》《노랑의 미로》를 썼다. 저자 소개에 늘 "부
끄러운 것이 많다"고 적었다. 말할 기회를 갖지 못한 이들의 언어와 기록
되지 못한 자들의 역사에 관심이 많다. '문영체'라는 말이 생길 만큼 독
특하고 유려한 문장을 쓴다.

"제 일정 때문에 인터뷰를 평일 저녁으로 잡았잖아요. 일 마치고 식사도 못 하셨지 않을까 해서…." 하나는 햄 샌드위치, 다른 하나는 게살 샌드위치다. 더 비싼 게살 구성이 인터뷰어로 온 후배 몫이란다. 낮고 다정한 목소리. 조금만 말이 이어져도 얼굴이 벌겋게 익는 모습이 꼭 청년 같은데, 머리는 온통 하얗게 셌다. "제가 몸이 좀 부실해서…." 글을 잘 써서 '문영체'라는 말이 있다더니, 말할 때는 '해서체'인가 싶다.

그의 조심스러운 성격은 인터뷰 섭외 과정부터 두드러졌다. "'내러티브' 범주의 기사를 쓰긴 하지만… 기법으로서의 내러티브에는 제가 관심이 없고, 잘 알지도 못해서요. 드릴 말씀이 많이 없을 것 같은데….” 겨우 설득해 한 자리에 앉고 나니, “현장에서 열심히 일하는 동료 기자들과 맞서는 말로 들리지 않았으면 좋겠다”고 우려한다. ‘기사도 책도 독특하다’는 질문엔 “비판도 많이 받는다. 제가 감수할 일”이란 말이 돌아온다. 결국엔 이런 얘기까지. “인터뷰보다는, 저널리즘을 함께 고민하는 입장에서 생각을 나누는 대화 자리라고 생각해주세요.”

책망 등을 받아들인다는 표현 ‘감수’가 무색하게도 그의 글은 과감했다. 남들은 ‘얘기(기삿거리)가 안 된다’며 관심 두지 않는 일을 기사화하는 것으로 그는 유명했다.

대표적인 예가 주간지 《한겨레21》에 연재했던 코너 〈고공21〉이다. 해고노동자 등이 철탑, 타워크레인처럼 아찔하게 높은 곳에 올라 토로하는 억울함을 시리즈로 연재했다. 고공농성은 땅에서 한 말이 전해지지 않을 때 노동자들이 택하는 최후의 수단이다. 그 자체로 하나의 사건이어서 언론도 처음엔 ‘고공농성 돌입’ 같은 기사를 쓴다. 하지만 거기까지다. 농성이 길어져 일상이 되면 더 이상 기사화하지 않는다. 100일, 1주년 등을 특집으로 다룰 뿐이다. “언론이 기삿거리를 판단하는 잣대는 보통 사건이잖아요. 특별한 사건이 없는 일상의 문제는 어떻게 기사화할 수 있을까가 고민이었어요.”

2020년작 《노랑의 미로》는 가난이란 일상을 다룬 문제작이다. 《한겨레21》에 1년간 연재한 〈가난의 경로〉를 토대로 했다. "기사를 책으로 만들면서 1인칭 서술 파트를 새로 썼어요. 기사에는 없던 내용인데, 각자의 이야기를 전하고 싶어서⋯." 가난이 문제임을 부정할 사람은 없을 것이나, 가난한 자의 모든 사연이 기삿거리라는 데 동의할 사람 역시 없을 것이었다. "나는 죽고 나서야 더는 쫓겨나지 않았다"라는 책 속 망자의 말은 더 난감했다. 죽은 자의 발화를 어떻게 취재한단 말인가. 보통의 기사라면 다루지 않을 논쟁적인 서술 방식이다.

그가 인터뷰 중 가장 많이 반복한 단어는 '감행'(과감하게 실행하다)이다. 2023년 6월, 감행과 감수 사이에서 이문영을 만났다.

《노랑의 미로》를 쓰신 계기가 궁금합니다.

(주간지) 《한겨레21》에서 〈가난의 경로〉라는 시리즈를 연재한 게 먼저예요. 2015년에 아는 분이 '동자동(서울시 용산구의 한 동네. 쪽방촌 형성지로 유명하다.) 어느 건물이 거주자 전부를 쫓아낸다더라'고 말해줬어요. 그때가 2월(5일)

이니까 한참 추울 때인데, 가보니까 한 달(3월 15일) 안에 방을 다 비우라는 내용의 노란 딱지가 붙어 있는 거예요. 이걸로 기사를 쓴다면 200자 원고지 두세 장이나 쓸까? 가난한 이들이 쫓겨나게 생겼다, 추운 겨울에 거리로 나앉게 됐다, 통상 기사 쓰는 기준으로 보면 그래요. 결국 한국 언론은 그분들의 강제 퇴거에 그 이상의 분량은 할애하지 않아요. 건물주가 마음먹기에 따라 쉽게 쫓겨날 수 있는 공간에 왜 살게 됐는지, 쫓겨난 이후에는 이들이 어떻게 살게 되는지는 그런 기사에서 보이지 않죠. 퇴거가 사건이라면, 가난은 사건의 이전과 이후까지 넓게 퍼져 있는 거예요. 시리즈 제목을 '가난의 경로'라고 지은 건 그런 생각에서였어요.

처음부터 빈곤 문제에 관심이 많았던 건가요?

빈곤이란 특정 주제가 아니라, 어떤 일은 기사가 되고 어떤 건 되지 않는 까닭에 의문을 품었던 것 같아요. 기자 일을 한 지 얼마 되지 않았을 때인데, '이런 내용의 기사를 쓰겠다'고 발제(취재 계획을 내놓는 행위)할 때마다 위에서 잘리는 거예요. 소위 '얘기가 안 된다'는 이유였죠. 언론이 기삿거리를 판단하는 잣대는 보통 사건이잖아요. 그 기준에서 보면 가난은 기사화되기가 쉽지 않아요. 누가 추위를

견디다 못해 죽었다면 모를까. 가난 자체는 특별한 사건이
아니라 일상이니까요.

　　관악라인(사회부 경찰 담당 기자들은 서울을 여러 권역으로
나눠 담당 구역을 정하는데, 이를 '라인'이라고 부른다. 관악라인에는
통상 관악·방배·동작·금천 경찰서가 포함된다)을 맡을 때가 기
억나요. 지금 회사로 오기 전 다른 신문사에서 일할 때였는
데, 당시 언론사들의 업무 루틴은 아침 일찍 경찰서에서 최
근 사건·사고 소식을 확인한 다음 곧바로 서울대에 올라
가는 거였어요. '한국 1위 대학'이니 일거수일투족 기삿거
리라는 판단에서였죠. 그런데 그렇게 나오는 기사가 제 눈
엔 딱히 사회적으로 유의미해 보이지 않았어요. 저는 주로
학교 밖 거리를 나돌았는데, 특히 자주 찾은 곳이 '난곡'(신
림동의 달동네)이라고 대대적으로 철거가 이뤄진 지역이었
어요. 철거되지 않은 마지막 땅에서도 철거가 진행 중이었
는데 그곳을 떠나지 못하고 남아 있는 사람들이 눈에 띄더
군요. 하지만 기사로 쓰겠다 하니 '철거 기사는 벌써 많이
썼다'는 반응이에요. 결국 그때 기사를 못 쓰고, 나중에 문
화부에서 문학 담당을 할 때 냈어요. 소재는 난곡동의 마지
막 판자촌, 거기 사는 사람들 인터뷰를 중심에 뒀어요. 동
시에 난곡을 다룬 문학작품 얘기를 중간중간 넣었죠. 명색
이 문학 기사인데, 문학이든 뭐든 관련 내용이 있기는 해야

하잖아요.(웃음) 문학 기사도 사회 기사도 아닌 기묘한 글이 됐죠.

　'기묘한 글'의 역사는 이후 오래도록 이어졌다. 2013년 연재를 시작한 〈恨국어사전〉은 광부·알바생·이주노동자·성소수자 등의 삶을 그들이 현장에서 쓰는 언어로 그려냈다. 표준국어대사전에 쓰인 '표준'에서 배제된 이들의 한 섞인 말을 일람하기에 '韓國'의 이면이란 의미에서 '恨국어사전'이라고 썼다. 캄보디아 이주노동자를 취재한 뒤 '낏선니아'(계약서) 등 단어의 '쁘라흐쁘라'(사용례)로 계약을 무시한 채 이뤄진 해고의 순간을 제시하는 식이었다. 이 글들을 모아 첫 논픽션 단행본 《웅크린 말들》(2017)을 냈다.

　이달의 기자상 수상으로 이어진 〈고스트 스토리〉의 초반은 "나는 이 도시에서 죽었다"라는 1인칭 서술이다. 취재 대상 195명이 모두 취재 시작 전 사망한 이들인데, 망자들이 자기 이야기를 전하는 방식으로 기사를 썼다. 연재물 〈유기구역〉은 인간에게 버려져 산으로 올라간 들개들이 주인공이다.

통상적 기사와는 다른 작법의 글을 많이 쓰셨어요. 사

내에서 반발은 없었나요?

반발이라기보다는 뭐랄까, 의아하다는 반응이 많았죠. 기자들은 기사의 형식은 그렇게 중시하지 않잖아요. 능력 있는 기자라고 하면 보통 취재 잘하는 기자, 기사의 알맹이가 되는 정보를 잘 가져와서 특종을 써내는 기자고 글쓰기는 부차적이거나 기능에 불과하다고 생각하죠. 그런데 저는 '뭘 쓰느냐 만큼 어떻게 쓰느냐도 중요하다'고 주변에 말하고 다녔어요. 어떻게 쓰느냐에 따라 뭘 쓸 수 있느냐 아니냐도 결정되니까요. 제 얘기가 열심히 일하는 기자들과 맞서는 것으로 받아들여지지 않았으면 좋겠네요. 전통적인 문법과 형식으로 써야 하는 기사들이 분명 있어요. 하지만 그렇게 해서는 쓸 수 없는 이야기도 있거든요. 어떻게 쓰느냐는 형식만의 문제가 아니라 어떤 이슈를 우리가 버리지 않고 담아낼 수 있느냐와 직결되는 문제라고 봐요.

책도 형식이 특이해요. 3인칭 시점으로 상황 전개를 서술하는 챕터가 있는가 하면, 등장인물의 1인칭 시점에서 자기 인생 전반을 읊거나 현황을 묘사하죠.

연재된 기사 대비 《노랑의 미로》 분량이 크게 늘어난 게 1인칭 서술 파트 때문이에요. 앞서 말했듯 이분들의 가난이란 게, 이분들한테는 특별할 것 없는 일상이잖아요. 이분들에게 가장 큰 문제는 가난으로 점철된 삶 그 자체인데, 정작 그 이야기는 공적으로 발화된 적이 없지 않은가 싶었어요. 퇴거 같은 계기가 없으면 언론도 관심을 갖지 않고, 사건이 벌어지면 사건 얘기만 기사화될 뿐이죠. 사는 동안 어떤 방식으로든 자기 이야기의 주인공이 된 적이 없는 사람들에게 그들 자신의 입으로 이야기할 공간을 만들어주고 싶었어요. 그 입이란 게 실제로는 '이문영'이라는 타인의 글에 불과하고, 살아 있는 자가 고인의 시점을 자처한다는 것이 건방지다고 할지라도요.

직접 만나 이야기 들은 사람이야 그럴 수 있지만, 죽은 사람들의 말도 1인칭으로 쓴 게 신기했어요.

1인칭이 저널리즘 글쓰기의 금기를 건드리는 일이란 거, 모르지 않아요. 하지만 3인칭만 고집해서는 쓰지 못하는 이야기들이 있거든요. 〈고스트 스토리〉를 취재할 때인데, 어떤 사람은 기사를 쓸 수 있을 만큼 삶의 흔적들을 추적할 수 있는 반면 어떤 사람은 사망 정보밖에 없는 경우도 있었어요. 3인칭으로 한 명씩 서술한다고 하면 후자는 사망 사실 외에는 쓸 게 없죠. 소위 '기삿거리'가 안 되는 거예요.

'나'라는 1인칭 주어로 통일해보니 다른 길이 열리더군요. 총 195명, 제각각 사연을 거대한 '나'의 이야기로 묶으니 정보가 상대적으로 부족한 사람의 이야기도 짧게나마 담을 수 있는 거예요. 저는 이들의 이야기가 일관성이 부여된 하나의 목소리로 읽히길 바랐어요. 저마다 사연은 다르지만 죽음에 이른 보편적 흐름이 있었고, '나'는 그걸 드러낼 수 있는 방법이었어요. 그러면서도 각각의 '나'는 서로 다른 사람이니, 이를 알리기 위해 새로운 '나'가 등장할 때마다 나이와 사망 시기 등을 괄호 안에 병기했어요.

'이렇게 써도 되냐'는 지적과 '이렇게 쓸 수도 있구나'라는 반응을 동시에 들었던 것 같아요. 하지만 그런 방식을 택하지 않았다면 〈고스트 스토리〉는 아예 쓸 수 없었을 거예요. 기존의 저널리즘 문법에선 세기적 사건보다 그저 그렇고 지리멸렬한 이야기를 써내는 것이 훨씬 어려워요. 언어 권력에게 밀려나는 이야기들은 저절로 써지지 않아요. 굳이 말하려고 노력하지 않으면 말해지지 않는, 우리가 쓰기를 포기하는 순간 소멸하는 이야기들이 많아요.

언론이 보도 가치를 셈하는 항은 사건의 크기, 발화자의 지위, 시의성 정도로 일목요연하지만, 그 셈법은 생각보다 간단하지 않다. 취재 내용의 신뢰도 내지 기사화 허용 수준이 대상에 따라 달라지기 때문이다. 정치부 기사는 '정치인이 이런 말을 했다'는 자체를 하나의 사건으로 본다. 정책 결정권자와 가까울수록 취재 신뢰도가 높다고 판단하기에 단순 발언도 기사가 된다. 시민단체의 주장도 주장했다는 행위 자체가 기삿거리다. 반면 일반 시민의 제보는 대개 진위 여부를 확인한 뒤에야 글로 쓰인다. 폭로를 위한 발언이라면 문건이나 녹취 같은 물증을 필요로 한다.

　이문영의 서술은 그래서 특이하다. 《노랑의 미로》에서 그는 '발명왕'이라 자칭하는 인물 김대광의 이야기를 상세히 쓴다. 그러고는 어떤 주장에 주석을 달아 "김대광의 말은 사실관계가 맞지 않는다"고 덧붙였다. 반대로 지어냈으려니 짐작한 이야기의 끝자락에서 진실을 증거하는 과거 신문 기사, 발명 인증 자료를 마주하기도 한다. '김춘삼도 내 후배였다'는 김택부의 발언은 본문에 실어주고는 주석에서 "사실이 아닐 가능성이 크다"고 반박한다. 사실 여부는 불분명한데, 그같은 말을 한 사실은 있다.

　이문영은 《노랑의 미로》의 한 챕터를 오직 한 문장, "역사는 누구의 기억인가"로 구성하면서 다음과 같은 주석을 달았다. "이 책은 '안의 역사'가 기억하지 않는 '밖의 이야기'를 기억하고 안의 역사가 인정하지 않는 밖의 이야기를 쓴다. 기억의 사실 여부를 검증하기보다 그들이 몸으

"사는 동안 어떤
방식으로든 자기
이야기의 주인공이 된
적이 없는 사람들에게
　　그들 자신의
　　입으로 이야기할
　　공간을 만들어주고
　　싶었어요."

사진 김홍구

로 통과해온 '다른 역사'를 다만 전하고자 한다." 실제 어떤 인간이었느냐는 단정 한켠에 '그는 자신을 어떤 사람으로 여겼을까' 물음을 놓는다는 점에서 넉넉한 이해다. '실제'라는 매끈한 말이 실은 힘없는 자의 기억을 누락하고 깎아낸 결과 아닌지, 일견 믿기 힘든 주장에 일말의 진실이 있진 않은지를 고민하는 사려 깊은 시선이기도 하다. 하지만 저널리즘보다 문학에 더 가깝지 않느냐는 비판도 불가피해 보인다.

　오히려 제 고민은 어떤 사람이 한 이야기의 앞뒤가 맞지 않는 경우에 있었어요. 《노랑의 미로》 등장인물 45명은 서로 다른 시기에 태어났지만 예외 없이 현대사의 굴곡을 넘어온 이들이에요. 어떤 사람은 선감학원, 누구는 삼청교육대, 광주대단지 이주, 6·25전쟁…. 예외 없이 '가난하게 태어났고, 가난에서 이탈하지 못했고, 가난하게 삶을 마무리했다'로 요약돼요. 그러한 '가난의 경로'는 비슷한데, 경로의 세부는 다르잖아요. 공통된 궤적 못지않게 각자의 사연도 다뤄야 하는데 어떤 분은 앞의 말과 뒤의 말이 서로를 배반하는 거예요. 말이 일관성 있게 꿰어지지 않으면 쓰지 않는 것이 저널리즘이나 논픽션의 원리잖아요. 안 쓰는 선택을 할 수도 있지만, 그때도 저는 '쓰려면 어떻게 해야 할까'를 고민했어요. 논리적으로 이어지는 말이 몇 개의 파편밖에 없을 때 쓰려면 어떤 감행을 해야 할까. 당사자의 입말을 그대로 옮기는 대신 그들의 말투나 어조, 반복 사용하는 문구 등 특징적인 부분을 살려서 파편들을 재구성했어요. 그분들의 말을 있는 그대로 전달한다기보다는 일정 부분 저를 통해 '재현'한 거라고도 할 수 있겠죠. 누군가의 눈엔 선을 넘어버린 것처럼 비칠 수도 있을 테고요. 그런 비판도 감수하자고 생각하면서 썼어요.

《노랑의 미로》에는 "내 어이없는 죽음에 나부터 당황했다" "몸에 구더기가 슬기 전에 방문을 열어준 승구가 고마웠다" 같은 문장이 나와요. 이건 망자의 생전 상황을 1인칭으로 정리한 〈고스트 스토리〉 속 문장과는 또 달라요. 망자의 '자기표현'이니까요. 〈고스트 스토리〉와 달리 이런 서술은 취재나 인터뷰로 도저히 길어낼 수 없지 않나요?

〈가난의 경로〉와 《노랑의 미로》를 구분해야 할 것 같아요. 전자는 기사잖아요. 제가 아무리 기사를 실험적으로 쓴다고 해도 기사라는 형식의 조건 안에서 그렇게 하는 거예요. 반면 책은 좀 다를 수 있다고 생각했어요. 기사인 〈가난의 경로〉가 강제로 흩뿌려져도 멀리 가지 못하는 극빈의 삶을 이동 거리를 측정해가며 실증적으로 보여주려 한 결과물이라면, 책에선 그런 핵심을 둘러싼 다양한 맥락과 이야기를 적극적으로 살리고 싶었어요. 여전히 사실을 바탕으로 쓴 이야기지만 사실과의 경계가 희미한 문장들도 책에는 간혹 섞여 있어요. 〈가난의 경로〉는 1년의 기록인 반면 《노랑의 미로》가 되는 과정에서 시간이 5년으로 확장됐거든요. 생전에 말씀을 나눠주신 분들이 시간이 지나면서 한분 두분 세상을 떠났어요. 기사에 담지 못한 2-5년의 시간을 책에 녹이면서, 일부 문장은 이제는 세상에 없는 분들의 마지막 말을 받아적는다는 생각으로 썼어요. 왜 그 문장을 넣었냐고, 장르 규정에 맞냐고 물으면 별로 할 말이 없어요. 말의 길을 내기 실험이었지만 수많은 오류를 가진 글이란 사실은 부인하지 않아요.

이문영의 책에 전문가 멘트는 거의 나오지 않는다. 질문하니, 의도의 산물이라고 한다. "기사를 쓸 때는 '야마'(핵심 주제를 뜻하는 은어)를 세우잖아요. 기자가 답을 내려 제시하는 건데, 전문가의 말을 논거처럼 쓰죠. 분석이 필요한 기사는 그럴 수 있지만, 어떤 이야기는 야마 때문에 복잡하고 중층적인 성격을 잃고 납작해지는 것 같아요. 전문가의 말을 빌려 대안을 제시하려고 쓴 책이 아니었어요.

이문영

누군가의 가난이 불의한 정치와 격동의 현대사 속에 어떻게 휩쓸리고 영향받았는지를 추적하는 게 목적이었고, 독자들에게 하나의 이야기 책처럼 읽혀 스며들길 바랐죠." 그가 기사에 괄호를, 책에 각주를 다는 이유도 다르지 않다. 개념 설명이나 통계 수치를 본문 중간에 쓰면 문장의 흐름이 어색해진다는 생각에서다. 한참 재밌는 얘기를 듣다가 논문을 읽는 것처럼 흐름이 '짬뽕'된다는 것이다.

대신 그는 취재 내용을 꼭꼭 씹어 3인칭 서술에 압축적으로 쓴다. 건강을 잃은 이가 어느 날 갑작스레 계단에서 굴러떨어져 죽었다면 무엇이 사망 원인인가. "가난은 부검되는 사인이 아니었다." 퇴거 압박에 못 이겨 동자동 건물을 떠났던 이들의 경로를 따라간 끝에 대부분이 동자동으로 돌아오거나 근처 동네에 살게 됐다는 걸 알고서는 이렇게 적었다. "퇴거 딱지가 붙은 뒤 주민 마흔다섯 명 중 서른 명이 9-2×(건물 주소)로부터 직선거리 100미터 안에서 이사했다. (…) 헌법이 보장한 거주 이전의 자유는 자유를 살돈이 있는 사람에게만 허락됐다."

마흔다섯 사람의 이야기를 한 권의 책이 될 만큼 들었다는 게 실은 신기했어요. 책을 읽어본 사람은 다 비슷하게 느낄 법한데, 한명 한명 서술이 생애사 수준이

에요. '누구나 말하고 싶은 욕망이 있다'고 기자들은 가르치지만, 보통 사람들은 언론 앞에서 자기 얘기를 잘 안하죠. 정치인처럼 자기를 알릴 유인이 있거나 기관·기업처럼 보도로 잃을 게 있다면 모를까.

무슨 특별한 방법이 있겠어요? 제가 처음 찾아갔을 때도 당연히 모두가 마음을 열진 않으셨어요. 발생한 상황에 고민이 있거나 말하기에 익숙한 분들은 그나마 이런저런 이야기를 하셨지만, 단답 한두 마디에 그치는 분이 더 많았죠. 상세한 이야기를 들은 건 시간이 쌓인 이후의 일이에요.

기자들은 보통 가장 먼저 가는 걸 중요시하잖아요. 현장을 가든, 정보를 입수하든 '최초'이길 원하죠. 그런데 저는 갈수록 '한 번에 파악되는 세계란 거의 없다'는 생각을 많이 해요. 일간지에 짧은 기사를 쓸 때는 간혹 한두 번 짧은 만남 내지 통화로 끝낼 때가 많잖아요. 한참 사건이 긴급하게 진행될 때는 당사자나 정치인의 말 한마디가 기삿거리인 게 맞죠. 하지만 그렇지 않은 일들이 훨씬 많잖아요. 게다가 특별한 사건이 있는 게 아니라 누적되고 고여 있는 일상을 다룬다면 접근법이 더 달라야죠. 쓰는 방법 이전에 취재 방식부터요.

제가 얼마 전 2주기를 맞은 광주 학동 참사* 유족분

이문영

들 이야기를 썼거든요. 참사 발생 초기에 산발적으로 나온 인터뷰를 제외하곤 사망한 피해자의 일가족 전체가 언론 인터뷰에 응한 경우는 없었어요. 언젠가 유족분이 "이제 저희는 이문영 기자를 신뢰합니다"라고 말씀하셨는데, 제가 광주를 20번 정도 왔다 갔다 한 이후였던 것 같아요. 그사이 재판 진행 상황이나 취재 과정에서 확인한 정보를 계속 유족 대표분을 통해 공유했고요. 제가 그 현장에 가장 먼저 간 기자는 물론 아니었죠. 오히려 참사 당시는 갑작스러운 휴직 뒤 수술을 앞두고 있을 때여서, 유족들을 만난 건 1주기가 가까웠을 무렵부터였어요. 부작용으로 휴직을 1년 연장한 상태에서 시작한 취재였고 복직 여부도 불투명할 때였지만 유족들 곁에 가장 오래 머무는 기자가 되자고 생각했어요.

인터뷰는 질문이라고 보통 생각하잖아요. 인터뷰 관련 책도 다 질문을 어떻게 잘 할 것인지를 다루죠. 그런데 저는 질문만큼 중요한 것이 잘 듣는 거라고 생각해요. 어떤 이야기는 질문과 무관하게 나오는 것 같거든요. 어느 순간

* 2021년 6월 9일, 광주광역시 동구 학동4구역 재개발을 위해 철거 중이던 학산빌딩이 붕괴해 시내버스를 덮친 사고. 아홉 명이 죽고 여덟 명이 크게 다쳤다.

그 사람의 곁에, 그 자리에 있다는 이유만으로 듣게 되는 이야기도 있잖아요. 좋은 질문이 좋은 답을 이끌어낸다고들 하는데, 좋은 질문을 하기 위해서도 먼저 잘 들어야 해요. 그런데 기자들이, 역설적이지만 잘 안 듣잖아요. 질문하는 법은 수없이 훈련하지만 누구도 듣기를 가르쳐주진 않죠. 때로 듣고 싶은 걸 듣기 위한 질문을 준비하고, 질문을 던지면서 다음 질문을 생각하기도 하고요. 질문을 잘해서가 아니라 신뢰하기 때문에 들려주는 이야기들이 있는 것 같아요. 그 신뢰는 결국 시간으로 쌓는 것일 테고요. 저는 빨리, 먼저 가는 기자이기보다는 가장 오래 머물고 늦게 나오는 기자이고 싶어요. 이걸 기술이나 방법론이라고 할 수 있을지 모르겠네요. 그보다는 그렇게 하느냐 하지 않느냐 차이 같아요.

'듣기'가 중요하다고 하셨지만, 잘 표현하는 것도 중요할 텐데요. '문영체'란 말이 있을 만큼 기자들 사이에서 독특하고 유려한 문장으로 유명하잖아요.(이문영은 2022년 8월 '반지하 사망자'를 낸 폭우 참사 이후 서울 성동구가 자체 추진한 반지하 주택 현장 실태 전수조사 과정을 전하면서 "물이 노리는 집을 물보다 먼저 찾아내는 일은 생명을 두고 벌이는 차별과의 경쟁이었다"고 썼다. 소양강 댐 건설

로 수몰됐던 마을 땅이 2015년 극심한 가뭄으로 드러났을 때는 기사 첫머리에 "물의 뼈" 세 글자를 적었다.) 반면 '문학적'이라는 평가 이면에 '문장이 어렵다' '추상적인 문장을 쓴다'는 평가도 있어요.

이상하게 느낄 수도 있는데, 저는 사람들이 글을 너무 빨리 읽고 지나간다는 생각이 들 때가 있어요. 소설이든 논픽션이든 기사든, 글이라면 걸리는 것 없이 쭉쭉 읽히도록 쓰는 게 기본이긴 하죠. 하지만 '가난' '무연고' 같은 단어들을 간단히 읽고 지나치는 게 맞나 의문이 있어요. '무연고 사망자'라는 표현을 언론이 자주 쓰잖아요. 한 사람의 삶과 죽음을 묘사하기엔 턱없이 부족한 말인데, 언제부터인가 삶과 죽음의 무게가 느껴지지 않는 매끈한 단어가 돼버린 것 같아요. 오히려 너무 자주 쓰이니까 '지겹다'는 반응도 나와요. 단어의 의미가 필요 이상으로 평범해졌고, 정작 속뜻은 고인이 된 당사자들이 아니면 아무도 모르는 거예요. 저는 어떤 단어, 규정의 무게와 두께를 독자들이 한번쯤 멈춰 서서 생각해보도록 만들고 싶었어요.

언론계에서 '미문'이란 평가는 종종 욕에 가깝잖아요. 그런데 저는 아름다운 문장이란 말을 나쁘게 생각하지 않아요. 문장을 멋들어지게 쓰겠다는 욕망뿐이라면 바람직하지 않지만, 이유가 있어서 주의 깊게 다듬은 문장들도 있으니까요. 기자 생활 초기엔 저도 미문에 대한 욕망이 없지 않았던 것 같은데, 지금은 아니라고 말씀드릴 수 있어요. 한 단어가 가진 의미의 다양한 결을 드러내고 싶고, 제가 지켜보고 이야기 들은 사람, 사회의 상황을 단어의 의미와 함께 재발견하도록 이끌고 싶어요. 정보를 효율적으로 배분하고 구조를 잘 짜서 이야기를 쭉 따라가게 하는 것도 물론 중요하죠. 하지만 어떤 경우는 의도적으로 흐름을 방해하는 듯한, 거추장스러운 절차로 읽힐 것을 알면서도 그렇게 썼어요.

기자로 일해본 이들이라면 누구나 알 것이다. 저널리즘 교과서는 "누구나 말하고 싶은 욕망이 있다. 좋은 기자는 그 욕망을 잘 건드리는 사람이다"라고 가르치지만, 현실에서는 정치인처럼 홍보 유인이 있는 사람이나 언론 앞에 선다. 해명을 위해 기자를 찾는 이도 있지만, 불리한 일이 벌어지면 피하는 이들이 다수다. 가까스로 설득해도 끝난 게 아니다. 살살이 털어놓는 인생 얘기를 언제 정리하나. 인터뷰 시간이 1시간이면 녹취를 푸는 데는 최소 2시간이 걸린다.

이문영에게 자료 관리법을 물으니, 연도별 폴더를 일단 만들고 그 안에 다시 월별로 기획(발제), 글 본문, 참고한 자료 폴더를 따로 만들어뒀다고 한다. '말폭탄'을 풀어낸 속기록과 녹취파일은 자료 폴더에 속할 것이다. '가난'이란 단어 하나에도 저마다 다른 삶의 증언들이 외따로 꾸려진 폴더들처럼 형상화되지 않을까. 프랑스 소설가 플로베르Gustave Flaubert의 '일물일어설'(하나의 사물, 상황을 가리키는 단 하나의 적확한 말이 있다는 주장)처럼 그에게 가난은 개개인마다 다른 의미를 지닐 것이었다. "가난은 어디에나 있지만 어디엔가 모여 있다"라는 《노랑의 미로》의 초반 문장이 어쩐지 위에서 찍어누른 정의가 아니라 땅의 실상을 한층 한층 기록한 결과물처럼 보였다.

영향받은 작품이 있나요?

개별 작품보다는 작가들이 떠올라요. 존 버거, 조지 오웰, 조세희. 다른 분들은 어떻게 평가할지 모르겠는데, 제가 생각하기에 세 분은 공통점이 있어요. 부끄러움이 작업의 동력이었고, 무언가를 쓰기 위해 장르를 넘나들며 다양한 방법을 고민했죠. 오웰은 제국의 시민으로, 젊은 시절 식민지 경찰을 맡아 버마에 근무했어요. 하급 관리 역할이었는데, 주민들을 착취하면서도 '너희를 위한 거다' '백인들이 버마 발전을 위해 희생하고 있다'고 믿는 제국 시민들의 위선에 부끄러움을 느껴요. 견디다 못해 사표를 내고 귀국한 오웰이 찾아가는 곳이 프랑스 파리예요. 그리고 대략 5년 동안 뒷골목에서 접시닦이, 부랑자 생활을 통해《파리와 런던의 따라지 인생》(1933)을 쓰죠. 자신을 훼손하면서 글을 쓰는 작가만이 이루는 성취가 있다고 생각해요. 과거 자료를 잘 분석하고 이야기 틀을 짜서 완성하는 논픽션 작품도 물론 있고, 정말 잘 쓴 책도 있죠. 하지만 감동을 느끼진 못하겠더라고요.

조세희 선생님의 소설집《시간여행》(1983)은 한 단편 제목이 아예 〈부끄러움〉이에요. 선생님은 소설뿐 아니라 르포, 칼럼, 시론, 동화 등 다양한 형식으로 글을 쓰셨어요. 더는 글을 쓰지 않을 때도 펜 대신 카메라로 현장을 기록하셨고요. 그 점에선 존 버거도 비슷해요. 버거는 르포, 비평, 편지글, 소설, 그림, 사진과 글의 결합처럼 온갖 방식의 쓰기를 시도했잖아요. 오웰도 장르를 가리지 않았죠. 역할도 다양했어요. 종군기자, 노동자, 소설가, 르포작가… 말해지지 않은 곳을 찾아다니고, 말할 방법을 탐색한 사람들이죠. 이야기의 '빈 곳'을 메우려 한 거예요.

앞으로는 어떤 글을 쓰고 싶으세요?

말의 빈 곳을 메우고 드러나지 않은 이야기의 길을 내고 싶어요. 저는 '이야기의 불균형'이 이 세계에 존재한다고 생각해요. 언론을 보면 정치권이나 대기업 이야기가 넘치잖아요. 권력과 돈의 흐름, 사회가 돌아가는 방식을 정하는 곳이니 그 중요성이 큰 것은 당연해요. 하지만 그게 한국 사회 모든 이슈의 절대량을 차지할 만큼 중요하다고는 생각하지 않거든요. 과잉 생산의 이면에는 다른 이야기의 과소 생산이 자리하는데, 후자를 기사나 책으로 쓰겠다고 하면 '다 아는 이야기 아니냐' 해요. 정작 반복적으로 중계 보도되는 건 정치권에서 벌어지는 일들 아닌가요. 유력 정치인은 한마디만 해도 지면의 큰 부분을 차지하죠. 때로는 이야기를 하지 않아도 '침묵'이라며 주변인의 분석을 들어서, 또는 언론이 침묵의 배경을 풀어서 설명해줘요. 반대편에는 몸에 불을 지르고, 밥을 굶고, 고공에서 농성하는 사람들이 있는데, 여러 번 쓰면 지겹다고 해요.

'지겹다'는 말이야말로 언론과 작가가 싸워야 할 상대 같아요. 특히 사회 소수자 얘기에 지겹다는 평가를 많이 하잖아요. 그런데 국회의원 몇 명, 상위 1% 경제력을 가진 사람들과 자산 내지 소득 수준이 일정 이하인 사람들을 숫자로 비교한다면 누가 다수자고 소수자인가요? 그런 규정 자체가 논쟁의 대상인데, 다툼의 장이 돼야 할 언론이 정작 이슈를 선별하고 사건의 크기를 재단할 때 관습적인 잣대를 들이대는 것 아닌가 우려스러워요. 그렇다고 '저는 동의 못하겠어요.' 하면 끝이 아니잖아요. 기사는 기사대로, 책은 책대로 쓸 방법을 찾아내야죠. 내러티브니 스트레이트니, 픽션이니 논픽션이니, 장르나 작법의 구분은 제게 중요한 것 같지 않아요. 방법을 실험해봐야죠. 저는 쓰기를 발명해야 한다고 생각해요.

─────

이문영은 2020년 말 뇌종양으로 쓰러져 근 2년간 글을 쓰지 못했다. 복직 후 예전처럼 쓰기 시작한 것은 2023년 초의 일이다. 검었던 머리가 하얗게 센 이유를 그는 "방사선 치료 탓으로 돌리기로 했다"며 웃었다. 주변에선 '쉬면서 일하라'고 하지만 휴직하기 전처럼 취재하고 쓴다. 그래 봐야 기사 하나, 온라인 시대 들어 기억해주는 사람이 더 줄어들었지만 하나도 허투루 쓰고 싶지 않다. "글로 하는 일이니 글에 최선을 다하는 수밖에 없다"는 것이다.

그는 최근 미야케 쇼의 영화 《너의 눈을 들여다보면》(2022)을 인상 깊게 봤다고 말했다. 선천적 청각 장애로 양쪽 귀가 들리지 않는 프로복서 케이코가 주인공이다. 경기를 앞두고 어느 기자가 '장애인 복서'라는 데 관심을 보이며 케이코의 자질을 묻자 체육관 관장이 답했다. "작고, 리치도 짧고, 스피드도 느리고, 코치의 지시도 들을 수 없지만 인간적인 기량이 있다. 정직하고 솔직하다." 이문영도 종양 탓에 한쪽 청력을 잃었다. 그는 "케이코와 같은 기량을 갖고 싶다"고 했다. 고등학교 학비마저 스스로 벌어야 했던 삶이라 특별한 취미도 가진 것이 없다. "취재하고 글 쓰는 것 말고 할 줄 아는 게 없다"는 그는 요즘 쓰고 싶은 기사 소재를 버킷리스트로 만들어두고 하나씩 지워나가고 있다. "더 이상 쓸 수 없을 때 아쉬움이 남지 않도록 아쉬움의 리스트를 최대한 줄여나가는"는 것이 그의 소망이다.

그는 "조금 더 에너지가 있을 때 조금 더 움직였다면" 지금쯤 더 나은 결과물을 만들 수 있을 것이라고 내내 아쉬워했다. 《노랑의 미로》의 마지막 문장은 "가난을 흠집 내지 못하고 구경하기만 한 이 책은 그러므로 실패의 기록"이다. 상재한 책마다 저자 소개에는 "부끄러운 것이 많다"는 문장을 적어뒀다. 그의 말처럼 그의 방식이 옳다고는 단언 못하겠다. 다만 늘 길을 찾기 위해 실험하고 감행한다는 의미에서 '젊은 작가'라고는 부를 수 있지 않을까. 그러고 보면 부끄러움은 언제나 청춘의 특권이었다. 나는 백발의 젊은 기자를 상상해본다.

쓰는 자의
윤리

논픽션의 구도자

이
범
준

"한 유명 영화 평론가는 '나는 영화 감독과 술을 잘 안 마신다'고 말한 적이 있어요. 실제로 그런지는 알 수 없고, 아침 저녁으로 술을 마시며 지낼 수도 있죠.(웃음) 그래도 최소한 겉으로는 '안 친하다' '안 마신다'고 말하잖아. 그래선 안 된다는 의식이 있는 거죠. 나는 그게 쓰는 사람의 윤리 같아요."

이범준
자타공인 사법전문기자.《세계일보》《매일경제》《경향신문》을 거치며 주로 검찰·법원을 취재했다. 한국신문상, 올해의 법조기자상, 이달의 기자상 등을 수상했다. 사법 논픽션《헌법재판소, 한국 현대사를 말하다》《일본제국 vs. 자이니치》를 썼다. 정작 전공은 국문학이다. 이따금 마라톤 대회에 나서 '마라토너'로 불리지만, 취미를 물으면 '달리기'라고 굳이 정정한다.

그가 MBTI 테스트를 한다면 끝자리는 J(계획적이며 기한 엄수형)일 것이다. "당산역 10분 도착. 10번 출구까지는 조금 더 걸릴 듯." 문자 발송 시각은 오후 5시 51분, 약속 시각인 6시 10분까지는 20분 남짓 남은 때였다. '10분 도착이면 딱 맞는데….' 새삼스러운 알림이다 싶다가 생각을 되돌렸다. 애당초 그가 '××시 10분' 약속을 잡는 사람이란 데 생각이 미친 탓이다.

    세심한 건지 예민한 건지, 인터뷰에서도 뭐 하나 쉽게 답하는 법이 없다. 논픽션 저술을 시작한 이유를 묻자 "재밌어서"라는 뚱한 대답이 돌아온다. 기자와 논픽션 작가의 차이는 "다른 게 있나? 분량이 다른 거"란다. 그러고는 자신의 책 《헌법재판소, 한국 현대사를 말하다》(2009, 이하 《헌재》)를 가리키며 한마디 툭. "전통적 저널리즘에는 이 책이 더 가깝다고 봐. 요즘 언론은 사실 확인이 필요 없는 기사를 쓰잖아." 하지만 까칠함으로 치부하기엔 애정 어린 말투다. 같은 회사 선후배로 지낼 때부터 익숙한 '위악'이다.

저널리즘의 본령이 사실 발굴과 검증임은 분명하지만, 그저 분량을 늘인다고 논픽션이 되진 않는다. 인터뷰 중 '매력적 캐릭터'를 강조하는 걸 보니 그도 몰라서 하는 말은 아니다. 말하자면 '직업 윤리'다. "원고지 500매 쓸 데이터로 1250매를 쓰면 착실하지 못한 거예요." 인터뷰를 열심히 하되, 취재원과 친하게 지내서는 안 된다고도 했다. "쓰는 사람의 윤리"란다. 민감한 정보일수록 휴민트 HUMINT(인적 네트워크를 통해 획득한 정보)에 의존하기 마련인 언론의 취재 방식을 고려할 때 일견 현실성이 떨어지는 지적이다. 선언한 대로 살았다면 기자 생활이 꽤 고되었겠지 싶다.

이범준의 기자 시절 호칭은 '사법전문기자'다. 2004년부터 꾸준히 사법 분야를 취재한 전문성을 인정받았다. 그는 2017년 양승태 대법원장 체제 사법부의 '사법농단' 의혹을 최초 보도해 법조계 너머 대한민국 전체를 뒤흔들었다. 첫 저서인 《헌재》는 서울대학교 법학전문대학원의 과제 교재로도 쓰였다. 초창기 헌법재판관 전원은 물론, 노무현 정부 청와대 민정수석 자리에서 갓 물러난 문재인 전 대통령까지 인터뷰한 결과물이다. '자이니치'들의 차별상을 조명한 《일본 제국 vs. 자이니치》(2015, 이하 《자이니치》)는 자이니치 변호사 여럿을 인터뷰해 재구성했다.

"일본 현지 취재 기간은 410일이며, 역사적인 성격을 고려해 녹음으로 남긴 인터뷰는 83시간 32분 46초입니다. 한 글자도 빠뜨리지 않고 문자화했습니다." 《자이니치》 들머리의 '읽어두기' 속 설명이다. 《헌재》 앞에는 "100시간가량 인터뷰" "143회 접촉" "발상하고 고민하는 과정이 지독했다"라는 소회를 남겼다. '재미'라는 말이 타당한가. 재미와 윤리 사이, 작가 이범준을 만났다.

———

기자 일을 그만두고 꽤 시간이 지났네요. 이전에도 휴직하거나 퇴사 후 다른 직장을 찾기 전까지 책을 쓰셨죠. 기자와 논픽션 작가의 일은 어떻게 다른가요.

둘이 다른 게 있나? 하는 일은 똑같죠. 사실 확인. 미국 언론인 밥 우드워드Bob Woodward를 예로 들면, 그 사람

일은 책 쓰는 건데 밖에선 기자라고 하고 다니잖아요. 분량이 다를 뿐, 둘 사이에 질적인 차이가 있다고는 생각하지 않아요. 기자 할 때는 논픽션 작가라고 자기를 소개해보고 싶고, 회사를 나오고 나니 기자라고 하고 싶은 거지.(웃음) 차이가 있다면 지금 언론 환경이 너무 안 좋다는 거 아닐까요? 사실 확인할 시간을 안 주잖아. 그 점에서는 오히려 이 책《헌재》이 전통적 저널리즘에는 더 가깝다고 봐요. 기자들이 너무 많은 기사를 쓰게 됐어요. 점점 회사도 사실 확인이 특별히 필요치 않은 기사만 요구하고. 반면 논픽션 작가는 자영업자니까 열심히 할 수밖에 없어요. 글이 충실하면 내 덕이고, 부실하면 오롯이 내 탓이에요.

이범준이 말하는 '사실 확인'은 보통 기자들의 그것과는 밀도가 다르다. 일례로《헌재》에 나오는 대법원 이전 사건에 관한 서술을 보자. 본디 서울 중구 서소문에 있던 대법원이 1991년 강남구 서초동으로 이전한다. 최고재판소 지위를 놓고 미묘한 신경전을 벌여온 두 기관(헌재와 대법원)이 물리적으로 더욱 멀어진 것을 드러내는 장면이라 책에 꼭 필요했다. 이범준은 서초동 대법원 정초석(머릿돌)에 적힌 청사 착공 시기를 서술하려다가 대법원을 직접 찾아간다. 기사로 시기를 파악했지만 정초석을 눈으로 직접 확인하지 않은 게 못내 찜찜했기 때문이다. 실제 정초석에 새겨진 문구는 '착공 1991. 11. 29 대법원장 김덕주'였다. 그는 당초 써놓은 '착공 91년 11월 29일'을 '착공 1991. 11. 29'라고 고쳐 쓴다. 미세한 표기까지도 정확하게 쓰고자 한 것이다.

그런데 읽다 보면 좀 빡빡하다는 느낌도 들어요. 기자 일을 하는 저도 몰랐던 사실이 쏟아져 나오거든요.

팩트도 재미라고 봐야 해요. 새로운 사실을 알게 되는 즐거움이 있죠. 어릴 때 이문열 작가의 소설을 좋아했는데, 어디 인터뷰에서 그러더군요. '소설을 읽는 이유는 교양을 얻기 위해서다.' 그렇다고 해서 그 재미만을 위해 책을 쓰는 건 너무 허탈하죠. 역사학자들도 뭔가를 주장하려고 사실을 발굴해 내는 거 아닌가? 다만 나는 긴 글에는 그만한 정보가 담겨 있어야 한다고 믿는 거예요. 어떤 시나리오 작법서를 보니 '한 문장으로 못 쓰는 건 한 문단으로도 못 쓴다'던데, 전엔 그 말을 믿지 않았어요. 한 문장으로 안 되는 건 한 문단 쓰면 되는 거 아닌가. 근데 지나서 보니 그 말이 맞아요. 원고지 1250매를 쓰려면 1250매에 걸맞은 데이터가 있어야지, 500매 쓸 팩트를 갖고 1250매를 쓰면 착실하지 못한 거예요. 한 문장 쓸 걸 가지고 한 문단을 만들면 문단이 얼마나 허랑해요. 난 성실히 쓴 글 앞에선 독자들이 설득될 마음 준비를 한다고 봐요.

《헌재》에는 일간지 기사라면 '단독'이라고 자랑할 만한 내용이 널려 있다. 헌정사 초유의 대통령 탄핵소추 사건의 하이라이트라 할 헌재의 노무현 탄핵 기각 결정이 한 사례다. 결정 당시 공개되지 않았던 탄핵 기각·인용 비율과 소수의견을 그는 취재를 통해 알아냈다. 동성동본 금혼 헌법소원 선고를 앞둔 재판관 조승형이 미국 출장 중 연방대법원 여성 재판관 루스 긴즈버그, 샌드라 오코너를 만나 의견을 들었다는 것도 그가 처음 알아낸 사실이다.

그의 집요한 사실 적시가 누군가에겐 불필요한 나열로 비쳤던 모양이다. "처음 책을 내려고 할 때, 모 출판사가 출판을 거절했어요. '이 책에는 저자의 관점이 없다. 그저 무미건조한 서술'이라나." 부당한 판단이다. 《헌재》는 헌법 재판이 더 활성화돼야 한다는 메시지를 분명히 담고 있다. 등장인물이 많고 시기별·사건별로 에피소드가 분절돼 하나의 스토리로 쭉 읽히지 않는 것은 맞다. 하지만 현대사 속 굵직한 사건에 대한 헌재 내부 논의 과정은 어땠는지, 그 결과 도출된 판단의 의미는 무엇인지 서술할 다른 방법이 있었을까. 무엇보다 그는 사실이라는 '돌직구' 하나만 고집하는 작가가 아니다. 다음 책인 《자이니치》를 보면 《헌재》가 보여준 '사실의 향연'에 슬며시 가려졌던 논픽션의 요소 하나가 두드러진다.

《자이니치》첫 장에 등장하는 인물, 김경득 씨가 굉장히 강렬해요.

공감이 갈 만한 캐릭터로 시작하고 싶었어요. 김경득은 그런 매력이 있는 사람이죠. 이 고난을 어떻게 극복하려나, 궁금해서 자취를 따라가 보게 되는. 김경득은 식민지 시대에 일본에 가서 차별받고, 좋은 대학 나오고도 취직을 못 했어요. 찬물로 씻어가며 사법시험에 합격했는데 국적이 한국이라고 법관 임용도 안 됐어. 얼마나 불쌍해요. 그런 사람이, 귀화하면 법관으로 받아주겠다는 걸, 국적을 지키겠다며 거부한 거예요. 그가 겪는 괴로움도, 그걸 버티는 신념도 생생하죠.

시나리오 작가 로버트 맥키Robert Mckee가 쓴 《Story: 시나리오 어떻게 쓸 것인가》(1997)에 '모든 캐릭터는 매력적이어야 한다'는 말이 나와요. 영화 《양들의 침묵》(1991) 주인공 한니발은 사람 고기를 요리해 먹는 괴물이잖아. 그런데, '내가 괴물이라면, 한니발 같은 괴물이고 싶다'는 느낌이 들어야 한다는 거예요. 나는 김경득에 동의는 못하지

쓰는 자의 윤리

077

만 매력적으로 그리고 싶었어요.

　　김경득은 1949년생이다. 식민지 시대 일본으로 건너
간 재일 조선인의 후손으로, 자이니치 2세로 분류된다. 한
국으로 치면 사법고시를 패스하고도 즉각 사법연수생이
되지 못했다. 내국인이 아니면 사법연수생이 될 수 없다는
일본법 규정 때문이었다. 그 이전에 사법시험을 통과한 외
국 국적자들은 모두 귀화해서 사법연수생이 됐다. 김경득
은 그게 싫었다. 한국 국적을 유지하고 싶었다. 당시 최고
재판소 임용과장이던 이즈미 도쿠지는 "젊은이 한 사람의
진로, 인생이 닫혀버리는 것 아닌가 싶었다"고 한탄했다.
한국 정부는 일본과의 협상 등 김경득에 도움이 될 만한 어
떤 일도 하지 않았다. 그가 사법시험 합격 이듬해인 1977
년 갑작스레 임용 통보를 받은 것은 순전히 일본 내부 사정
때문이었다.

　　'김경득 케이스'는 사법시험 합격자로선 예외적 사례
인 동시에 '자이니치'가 일본 사회에서 겪는 차별이 응축
된 장면이기도 하다. 자이니치는 식민지 시절에 건너간 조
선인과 그 후손을 뜻한다. 한국어가 서툴고, 대개는 일본
이름을 쓴다. 여기에는 1945년 8월 이후에도 계속된 당국
의 일본식 성명강요(창씨개명)도 있었고, 국적을 기준으로

한 제도적 차별과 달리 한두 번 마주치고 말 사람의 차별적 시선까지 감내할 까닭은 없다는 내적 유인도 작용했다. 한국식 이름인 본명本名은 신분증을 꺼내지 않은 다음에야 알기 힘들기에, 통명通名(편의상 사용하는 일본식 이름)을 써서 일상의 차별은 피할 수 있었다. 그러면서도 국적만큼은 고집스레 일본 국적을 거부하는 데 자이니치의 특수성이 있다. 미국 국적의 재미교포가 한국식 성을 쓰고 한국말도 곧잘 하는 것과 정반대다. 자이니치들은 국적 때문에 교육, 취업, 투표 등 인생의 주요 장면마다 차별을 겪는다. 정작 한국에서는 동포라면서 한국말도 못한다고 손가락질받기 일쑤다.

'김경득에게 동의는 못한다'는 말은 무슨 뜻이에요?

김경득 변호사는 내셔널리스트예요. 한국의 국정참정권(대통령·국회의원을 뽑는 선거와 관련한 권리)을 요구했죠. 한국 국적이니까. 일제강점기라는 역사적 비극을 놓고 보면 그분 신념이 빛나 보여요. 하지만 자이니치들이 사는 곳은 어디까지나 일본이잖아요. 그곳에서 본인들을 대표할 사람을 뽑지 못하면, 정치적으로 유의미한 존재가 될 수 없고 결국 자신들이 지금 받는 차별을 개선하는 데도 어려움을 겪게 돼요.

《자이니치》 전반부는 김경득의 이야기로 전개되지만 마무리를 맡은 것은 고 에이키(한국명 고영의)다. 그는 김경득의 신념과는 다른 해법을 내세운 자이니치코리안변호사협회(일명 라자크)의 일원이다. 작가가 김경득과 더불어 자이니치의 처지를 드러내는 존재로 등장시킨 배훈 변호사도 라자크 회원이다. 이들은 자이니치가 거주지인 일본에서 권리를 가지려면 무엇보다 참정권이 있어야 한다며 일본 국적 취득을 주장했다. 좋아서가 아니라, 언제까지 '2등 시민'으로 살 수 없다는 절규였다.

이범준은 "국적이냐 주거냐"를 질문하며 라자크의 손을 든다. 동시에 한국에서 몇 년째 살고 있는 필리핀 출신 노동자가 국회의원 투표권을 갖지 못한 한국 상황은 올바른지를 묻는다. "지금처럼 국적이 기준이라면 우리는 한국에 관해 전혀 모르는 스무 살 자이니치에게 운명을 맡겨야 합니다." 그는 서울대 법대 박사과정을 수료한 뒤 '정주 외국인의 참정권'을 주제로 논문을 쓰고 있다.

제가 일본에 가 있는 동안 백훈 변호사 사무실에서 1년 남짓 신세를 졌는데, 그분이 《자이니치》 발간 후 제게 '고영의가 주인공이 됐네?' 하시더군요.(웃음) 정확히 읽은 거죠.

누군가는 김경득 이야기만 따로 빼서 영화로 만들자고도 했어요. 그래도 나는 김경득 얘기만 쓰라고 했다면 책을 안 썼을 것 같아요. 참정권 얘기만 쓰래도 안 썼을 것 같고요. 김경득 얘기만 하자니 '국뽕' 만들자는 것도 아니고, 뒤에 내용만 쓰자니 무슨 논문 같아서 책이 팔리겠어요? '내셔널리즘을 뛰어넘자'는 주장 자체도 독자들이 선뜻 받아들일 만한 얘기가 아니고요. 김경득으로 시작하지만, 책의 목표는 김경득과 '빠이빠이' 하는 거였어요.

인터뷰 도중 이범준은 좌뇌와 우뇌 이야기를 꺼냈다. 기자처럼 팩트를 다루는 이들은 좌뇌가 많이 발달해있지만, "사람을 설득하는 게 사실과 논리만은 아니더라"는 것이다. "분명히 논리적인 얘긴데, 빡빡하게 굴면 괜히 반발심 들고 그러잖아요."《자이니치》의 첫 문장, "1976년 겨울 신인 가수 조용필의 노래 〈돌아와요 부산항에〉가 거리 곳곳에서 흘러나왔다" 역시 독자의 심리를 고려한 배치였다.

'좋은 책이란 무엇인가'를 물으니 "잘 팔린 책 중에 나쁜 책이 있고 좋은 책이 있는 것이지, 안 팔린 책 중에 좋은 책은 없는 것"이라는 답이 돌아온다. 웬 냉소인가 의아해하다 그의 분투를 떠올렸다. 생생한 캐릭터 설정과 촘촘한 취재, 책의 전체적 흐름 구성. 어느 하나도 놓지 않으려한 건, 아무리 좋은 메시지도 누가 읽지 않으면 쓸데없다는 절박함의 발로였을 것이다.

집필은 얼마나 걸렸어요?

《헌재》는 취재부터 글쓰기까지 9개월 정도 걸렸고, 《자이니치》는 더 오래 썼어요. 앞에는 무직 상태에서 쓴 거고, 뒤에는 회사를 다니면서 썼기 때문에 그랬을 거야. 취재는 휴직하고 했지만 글은 복직해서 썼어요. 대신 난 일하는 날 저녁에 조금 쓴다거나 그러지 않았어. 통째로 하루를 비우고 그것만 썼지. 일주일에 주말 이틀, 그리고 평일에 업무를 다른 날 미리 해두는 식으로 하루 정도 빼서 총 3일을 집필만 했어요. 토익 공부 해봤으면 알 텐데, 하루에 한 시간씩 한다고 900점 맞기 어려워요. 집중해서 하루 10시간씩 한 달 해야 고득점을 하잖아. 소설가 무라카미 하루키는 집필을 시작하면 꼭 새벽 네 시쯤 일어나서 오전 대여섯 시간을 쓴다고 해요. 글이 잘 써지지 않아도, 미리 정해둔 분량은 꼭 쓰고. 그렇게 루틴을 만들어야 탄력을 받아요. 꾸준한 게 중요해. 나도 일찍 자고 일찍 일어났어요.

글이 잘 안 써질 때는 없었나요?

당연히 있었지. 그렇다고 폭음하거나 여행을 훌쩍 떠

이범준

나거나 그러지는 않았어요. 내가 소심해서 그런지, 한번 그러면 완전히 무너져버릴 것 같더라고. 안 써져도 쓰고, 쓰고, 계속 썼어요. 장강명 작가가 글 쓸 때 스톱워치를 쓴다는 얘길 한 적이 있는데, 그게 이해가 됐어. 《자이니치》는 신혼여행 가서도 썼어.(웃음)

달리기가 도움이 많이 됐어요. 살면서 사람이 멍 때리는 시간이 별로 없잖아요. 밥 먹을 때도 유튜브 보지, 씻을 때도 뭐 듣지, 하다못해 나는 고등학교 때 교회 가서도 옆에서 사람들이 기도하는 소리가 들리더라고.(웃음) 그런데 달리기할 때는 뭘 할 수가 없잖아요. 멍한 상태에서 여러 생각이 들더라고요. 아이디어를 많이 구상했어. 그리고 꾸준히 달리면 건강해져요. 단기적으로는 한 시간 달리기를 한 시간 손해로 느낄 수 있지만, 운동 오래 하면 글 쓸 체력이 생기니 장기적으론 이익이에요.

이범준은 자신이 잠들고 깬 시간을 정확히 기억했다. 기준은 라디오. 밤 8시에서 10시 사이 〈최양락의 재미있는 라디오〉나 〈태연의 친한친구〉가 방송 중일 때 잠을 청했다. 아침 4시쯤 일어나 달리기를 했다.

2007년부터 시작한 달리기는 이제 취미이자 버릇이 됐다. 2022년엔 365일 중 달리지 않은 날이 8일뿐이다. 눈

"원고지 1250매를
쓰려면 1250매에 걸맞은
데이터가 있어야지,
500매 쓸 팩트를 갖고
1250매를 쓰면
착실하지 못한 거예요.
성실히 쓴 글 앞에선
독자들이 설득될 마음
준비를 한다고 봐요."

비가 오는 날도 달렸다. 달리기에도 루틴이 있다. 준비 겸 스트레칭을 하면서 '오늘 달리면서 무슨 생각을 할까'를 정한다. 뛰는 동안에는 그 생각에 집중한다. 《자이니치》도 달리면서 지은 제목이다. "미국 판결을 보면 다 '누구 대vs. 누구' 식인데, 그렇게 소송 당사자 느낌을 주면 좋겠더군요."

저술한 모든 책의 기초는 인터뷰예요. 《헌재》만 해도 등장인물들이 쉽게 만나기 힘든 고위급 인사인데, 어떻게 섭외하셨어요?

별수를 다 썼죠. 기자 몇 년 했다고 만나주는 사람들이 아니거든. 게다가 《헌재》를 쓸 때는 기자 간판도 없었죠. 다짜고짜 '만나자' 하면 안 될 거 아냐. 이메일로 인터뷰 요청과 함께 질문지를 보냈어요. 그 내용이 엄청 자세했어. 헌재 2대 소장을 지낸 김용준 재판관이라고, 서울고등학교 재학 시절 무기정학 당한 분이 있어요. 사유가 극장 관람인데, 도대체 무슨 영화를 봤길래 무기정학까지 때리나 궁금한 거야. 영상자료원에 가서 그분이 고등학생 때 개봉한 영화를 모두 찾아봤어요. 이탈리아 성인 영화(《내일이면 늦으리》, 1954년 개봉)가 한 편 눈에 띄더라고요. 이걸 메일에 쓰면서 '그 영화는 왜 보셨나' 물었어요. 일종의 낚시

였지.(웃음) 효과가 있었는지, '와보라'고 답장이 오더군요.

원래 아는 사이가 아니었군요? 워낙 선배가 사법전문기자로 이름을 날려서 그런지(웃음) 많은 기자들이 '이범준은 아는 사람이 많아서 취재가 수월했을 것'이라고 이야기해요.

가끔 회사 후배들이 '선배는 누구랑 친하세요?' 물어볼 때도 있는데 당황스럽더군요. 나를 양아치로 생각하나? 사법농단 사건 때가 생각나요. 솔직히 갈등했거든. 임종헌(당시 법원행정처 차장. 법관 사찰, 재판 거래, 사법부 블랙리스트 작성 등 사법농단 사태의 핵심 인물로 꼽혔다)부터 중요 인물들 상당수가 아는 사람이었어요. 그러다가 '쓰고 말고 고민해야 하는 자체가 기자 생활을 잘못한 거 아닌가' 하는 생각이 들더군요. 기자와 취재원 관계는 불가근불가원이어야 하는데, 원칙을 지키지 못하고 어느 순간 인간적인 관계가 돼버렸구나 싶은 거야.

검찰 출입을 오래 한 기자들은 '내가 한동훈이랑 친하다' 이런 말을 자랑처럼 하는데, 나는 그게 이상해요. 어느 영화 평론가가 '나는 영화 감독과 술을 잘 안 마신다'는 말을 했어요. 실제로 그런지는 알 수 없고, 아침저녁으로 술을 마시며 지낼 수도 있죠.(웃음) 그래도 최소한 겉으로는 '안 친하다' '안 마신다'고 하잖아. 그래선 안 된다는 의식이 있는 거죠. 나는 그게 쓰는 사람의 윤리 같아요.

　이범준은 "이름이 알려지니 전혀 모르는 사람에게서 정보를 얻게 되더라"고 말했다. 어떤 기자와 친해서가 아니라, 그 기자가 그간 써온 기사를 보고 신뢰가 생겨서 내밀한 정보를 넘기는 일이 있다는 것이다.

　기성 언론이 주요 부서로 꼽는 정치부와 사회부 법조팀에선 좀체 상상하기 어려운 풍경이다. 이들 출입처에서 기자들은 밤낮으로 밥이든 술이든 함께 먹으며 정치인의 발언과 검찰의 수사 정보를 듣는다. 기자들의 이런 접촉을 '유착'이란 말로 쉽게 비난하는 이들도 있지만, 정보가 없으면 권력 감시도 불가능한 법이니 꼭 백안시할 일은 아니라고 본다. 다만 '친분'을 통한 취재가 전부여서는 곤란하다는 이범준의 말을 부정하진 못하겠다.

　그가 미국 언론인 밥 우드워드의 《지혜의 아홉 기둥》(1979·1996), 일본 기자 야마모토 유지山本祐司의 《일본 최고재판소 이야기》(1994)를 읽고 《헌재》 집필에 나섰다는 서문 속 언급이 떠올랐다. 펜타곤(미 국방부) 말단 직원부터 백악관의 대통령까지, 밥 우드워드의 취재를 거부하는 이가 없다는 건 언론계 내 전설이다. 그의 책에 등장하지 않으면 중요한 인물이 아닌 듯한 느낌이 든다나. 하지만 아직 명성을 갖지 못한 기자가 어떤 방법으로 포트폴리오를 만들어 갈 수 있을지는 여전히 잘 모르겠다. 이범준도 한때 취재원들과 가까웠으니 반성하는 것 아닌가.

인터뷰가 잘 안될 때는 없었나요?

섭외 차원에서 보낸 질문지 그대로 진행했고, 추가 질문은 하지 않았어요. 책의 목차뿐 아니라 서술 방식까지 다 짜놓고 인터뷰 단계에 들어갔지. 대신 인터뷰를 처음 구상부터 진행까지 엄청 신중하게 했어요. 다음이 없을 수도 있잖아. 《헌재》 때 나는 1980-1990년대 법조인들을 리스트업해서 도표를 그린 다음 다 외웠어요. 헌법재판관들은 다 서울대 출신, 그중에서도 '난다 긴다' 한 똑똑이들이에요. 그렇지만 나이가 들어서인지, 인터뷰 중간에 사람 이름을 기억 못해서 막힐 때가 있어. 그러면 '아, 내가 나이가 들었나보다. 이게 어떻게 기억이 안 나지' 싶은가 봐. 그 생각에 사로잡혀서는 인터뷰에 영 집중을 못하는 거예요. 안 되겠다 싶어서 '그때 법무부 장관이…' 하면 바로 '안우만(전 법무부 장관. 1994년 말부터 1997년 초까지 재임했다)이죠?' 하는 식으로 끼어들었어요. '그래 안우만' 하며 넘어가도록. 이 사람들이 자기가 안우만을 기억 못했다는 걸 인지하

이범준

지 못하게 하는 거죠.(웃음)

　그래도 결국 안되는 인터뷰는 있죠. 이 사람은 '진짜 얘기'를 안 하고 있다는 느낌이 들 때도 있고, 자이니치를 인터뷰할 땐 '이래서 내가 책 쓸 수 있겠나' 좌절도 했어요. 일본어는 알아듣지만 이 사람들의 고된 처지를, 고집스레 일본 국적을 거부하는 역사적 맥락을 몰랐으니까. 구체적으로 기억은 안 나네요. 얼른 잊어야 해요. 집필은 장기전이잖아. 안된 건 잊어야 다음 작업에 들어갈 수 있어요.

못한 인터뷰가 핵심일 수도 있잖아요.

　그럴 수도 있고 아닐 수도 있지. 반대로 인터뷰 과정은 너무 별로였는데, 인터뷰 내용이 그야말로 '얘기되는'(기사 가치가 있는) 사람도 있어요. 문재인 전 대통령이 그랬는데, 청와대 비서실장을 마치고 부산에서 변호사 일을 할 때였어. 전혀 친절한 사람이 아니었어요. 내가 그때 관훈클럽에서 저술 지원을 받았다면서 나름 공신력을 보이려고 계약서도 보여주고 그랬는데, '잘 알겠는데 당신이 이(계약서에 쓰인) 사람인지 내가 어떻게 압니까' 하는 거야. 내가 결국 주민등록증까지 깠어.(웃음) 그런 사람인데, 인터뷰는 너무 잘되는 거예요. 청와대를 경험한 정치인이라고 믿기 어려울 정도로 가감 없이 다 얘기를 했고, '오프더레

코드'도 안 걸었어요. 내가 판단해서 넣을 건 넣고 뺄 건 뺐지. 그 인터뷰 덕에 노무현 대통령 탄핵소추 사건 당시 참여정부의 입장과 뒷얘기를 상세히 쓸 수 있었어요. 문재인은 그때 히말라야산맥 안나푸르나에서 트래킹 중이었는데, 호텔 방에 들어온 영자 신문에서 'impeach'(탄핵하다)라는 단어를 발견하고 부랴부랴 귀국했다고 해요. 기존엔 알려지지 않았던 얘기야. 그날 인터뷰가 얼마나 잘됐는지, 내가 부산 자갈치시장에 가서 회 한 접시를 시키고 못 먹는 맥주를 한 병 시켜서 마셨어요. 너무 기분이 좋아서. 물론 억지로 앉혀도 별 얘기 안 나올 수 있어요. 어떤 사람을 만나려고 교대역(서울중앙지검·서울중앙지법·대법원이 자리한 서울 서초동 지역. 변호사 사무실도 밀집해 있다.) 던킨도너츠에서 몇 날 며칠 기다린 적이 있는데, 막상 인터뷰는 별로였거든. 그래도 하는 데까지는 해야 해요.

이야기를 들을수록 아쉬운 마음이 들었다. 이 사람은 뼛속까지 기자다. 그런데 왜 신문사를 그만뒀나. 2022년 3월 《경향신문》에서 나온 이유를 묻자, 사법농단 사건과 2019년 보도한 '전자법정 입찰비리' 사건이 상처로 남았다고 답했다. "내가 남의 집 가장들을 회사에서 나오게 만들었구나 싶어서 마음이 무거웠어요. 특히 입찰비리 제보

이범준

자가 실형을 받았거든요. 정말 스트레스 받더라고." 제보자는 입찰비리 업체 직원으로, 관련 업무를 하다가 문제의식을 갖고 언론에 알렸다. 하지만 법원은 제보자 역시 비리 행위에 가담한 면이 있다며 유죄를 선고했다. 《한겨레》는 검찰 관계자의 입을 빌려 제보자가 비리 공범이며 '사익제보자'라고 보도했다. 《조선일보》는 사법농단 사건 제보자를 특정하는 기사를 썼다(심지어 오보였다). 이에 대해 이범준은 "언론에서 다시 법원에서 외면당하는 제보자에게 더는 해줄 말이 없다"는 회한 섞인 논평을 남겼다. "이 기사들을 쓰지 말아야 했다"고도 했다.

앞으로의 목표를 묻자, "이제는 좀 다른 글을 써보고 싶다"는 답이 돌아왔다. 세상의 장삼이사들 이야기. 사기를 당한 사람들은 어떻게 피해를 입는지, 검사에게 수사받다가 왜 죽고 싶은 사람이 생기는지를 쓰고 싶단다. "지금까지는 대법관이니 헌법재판관이니 인터뷰하는 게 재밌었어요. 그들의 논리, 판결의 참뜻을 알리는 게 중요하다는 생각도 했죠. 그런데 그 높은 판사, 검사, 교수님들이 내게 많은 걸 알려준 이유가 나를 좋아해서만은 아닐 거 아녜요. 평생 해온 게 있으니 법이라는 렌즈를 벗어날 순 없겠지만, 나는 법률가가 아니고 기자잖아. 그들 말로는 '육두품'.(웃음) 육두품은 육두품이 쓸 수 있는 걸 써야죠."

'사법전문기자'라는 기자 시절 그의 별칭이 새삼스럽다. 한국의 저널리스트 가운데 이 명칭을 자처한 사람은 이범준 하나다. 비슷한 경력의 다른 기자들은 '법조전문기자'라는 말을 쓴다. 사전을 찾아보니 법조法曹는 법률 사무에 종사하는 사람·무리를 뜻하는 데 비해, 사법司法은 어떤 문제에 법을 적용해 따지는 국가의 작용을 의미한다. '법조계' 너머, 법 해석과 적용까지 폭넓게 다룬다는 자존의 표현일 것이다. 그에게 묻지 못한 마지막 질문이 생각났다.

논픽션이 뭐라고 생각하세요?

나는 논픽션이 문학의 하위 장르라고 봐요. 대학에서 문학을 공부했는데, 소설이 좋았어. 인물들이 전형적이고, 이야기가 어떤 진실을 담고 있거든.《태백산맥》(1986-1989)을 예로 들면, 일제강점기부터 6·25전쟁 전후로 한반도에서 나고 자란 사람들이 겪을 만한 일이 등장해요. 그런데 우리 삶이 그렇게 전형적인가? 할아버지가 죽을 때 자신이 겪은 6·25를 얘기한다고 해서 그 전쟁의 본질을 알긴 어렵잖아. 소설을 읽으면 그게 보여요. 내 삶의 어느 국면에 경험했던 어떤 단면 정도는 눈에 띄는 거야.

그러면 전형적이지 않은 내 삶은 뭘까. 나는 뭐 군부

독재 때 운동도 안 했고, 기자로서도 영화《1987》(2017)에 나오는 그런 취재를 하고 기사를 쓴 적도 없어요. 그렇다고 영화 속 인물처럼 부패하지도 않았어. 그럼 나는 아무것도 아닌가? 엑스트라에 불과한가? 논픽션을 쓰면서는 알게 돼요. 현실을 사는 진짜 인간도 전형성을 조금씩은 가지고 있다는 걸. 이명박 정부 때 '미네르바'(경제 예측의 적중률이 높아 '인터넷 경제대통령'이란 별명을 가졌던 인물. 외국계 금융 회사에서 근무한 적 있는 50대 초반 남성으로 알려졌으나, 검찰 수사에서 30대 무직 남성으로 밝혀졌다)는 어때요. 누구나 댓글 쓰다가 한번쯤은 자기 정체를 속이지 않나? 물론 내 삶은 미네르바와 무관하지만, 표현의 자유라는 거대한 역사적 흐름에 나도 어느 정도 연결돼 있는 거죠. 실제 사람을 통해 이런 감각을, 내 삶이 사회와 역사와 이어져 있다는 의식을 갖게 되면 내 삶을 더 애정 있게 볼 수 있지 않을까 싶어요. 간단히 말하면 나도 주인공일 수 있고, 더 따뜻하고 괜찮은 사람이 돼야겠다는 생각을 소설에서만이 아니라 논픽션을 통해서도 배울 수 있는 거죠.

━━━━━

이범준은《자이니치》마지막 페이지에 '이 책을 쓰

는 데 영향을 준' 음악과 영화 리스트를 적어뒀다. 조용필은 물론, 영국 팝스타 로비 윌리엄스와 일본 아이돌 AKB48의 노래가 있다. 영화는 프란시스 포드 코폴라 감독의 《대부》(1972)와 양조위·유덕화 주연의 홍콩 느와르 《무간도》(2002)다. "내가 쓰는 사건이 실제 벌어졌던 시공간의 공기를 느껴보고 싶었어요. 내게 일본은 왠지 식민지, 억압, 나쁜 놈, 이런 단어와 함께 다가오는데, 나와 달리 자이니치는 평생 거기 산 사람들이잖아요. 도쿄올림픽, 야구, 유행가… 일본에서의 삶은 이런 기억들과 함께 떠오르지 않을까요? 《헌재》를 쓸 때는 영화 《파업전야》(1990)를 찾아서 봤어요. 가수 안치환 CD를 사다가 돌려 들었고. 책에 등장하는 사건이 대부분 80년대에 일어났거든요. 글을 쓸 때 취재 대상에 애정이 있어야 잘 써져요."

재미있는 작품을 쓰겠다는 욕망은 모든 글쟁이의 것이다. 몇몇 글쟁이는 그 와중에 윤리적이기를 열망한다. 표절처럼 티 나는 문제를 거르는 것은 기본이다. 취재원과 거리를 두고, 아주 작은 표현을 정확히 하고자 사실 확인에 힘쓰는 것은 어지간해선 표가 나지 않는다. 누가 특별히 비윤리적이라서가 아니라 애당초 애매모호한 영역이어서 그렇다. 그가 취재 대상에 갖는 애정을 끝내 세상이 몰라줄 수도 있다. 그럼에도 자기만의 선을 긋고, 그 선을 지키고

이범준

자 혼자만의 싸움을 하는 것이다. 달리기가 그의 취미를 넘어 정체성이 됐다는 사실이 달리 보였다(그는 '많아야 1년에 너덧 번 하는 일을 취미라고 할 순 없지 않느냐'며, 자신을 마라토너라고 할 순 있지만 '취미가 마라톤'이란 말은 틀리다고 바로잡은 바 있다).

그처럼 쓰고 달리기를 반복하는 작가 무라카미 하루키의 삶은 곧잘 '구도자'에 비유된다. 길을 찾아 달리는 이는 동시에 자기만의 길을 내는 사람이다. 지금 이 시간에도 이범준은 민감한 자기 자신과 싸움을 벌이고 있을 것이다. 그의 또다른 완주를 기대한다.

타격점,
소설과
　논픽션의
경우

'지금 여기'의
스타일리스트

장
강
명

"논픽션 소재가 되려면 최소 10년은 갈 문제의식이어야 해요."

장강명

소설가. 논픽션 작가, 에세이스트. 장편소설 《재수사》 《표백》 《한국이 싫어서》, 논픽션 《팔과 다리의 가격》 《당선, 합격, 계급》, 에세이 《소설가라는 이상한 직업》 등을 썼다. 작가가 되기 전엔 기자였다. 《동아일보》에서 11년간 사회부, 정치부, 산업부 등에 몸담았다.

2023년 2월 25일.
서울 관악구 화이트펜슬 스터디카페
인터뷰어 이지훈

소설가 장강명은 다작가多作家다. 데뷔 12년차에 단독 저
작만 20권이 넘는다. 장르도 다양하다. 순문학부터 미스터
리, 판타지, SF, 추리물, 에세이, 르포르타주를 망라한다. 이
처럼 경계를 넘나들며 불안과 공허를 양산하는 한국 사회
를 이야기하는 그의 작품들을 하나로 묶는 열쇳말은 선명
한 '문제의식'이다.

　　문제의식은 기자가 가져야 하는 직업정신 중 하나다.
익히 알려졌듯 장강명의 전직은 기자다. 2002년 《동아일
보》에 입사해 11년간 사회부, 정치부, 산업부 등을 거치면
서 외부 세계의 문제적 요소를 찾아내 그것을 조사하고 글
로 풀어내는 작업을 10여 년간 수행했다. 문장력보다는 비

판적 시각과 발군의 취재력이 요구되는 부서에 주로 몸담았다.

　소설가로 전업하고 다시 10여 년이 흘렀지만 장강명의 문제의식은 무뎌지지 않는다. 아니, 더욱 뾰족해지는 과정에 서 있다. 특히 《표백》(2011), 《한국이 싫어서》(2015), 《댓글부대》(2015), 《우리의 소원은 전쟁》(2016)으로 대표되는 사회성 짙은 소설과 《팔과 다리의 가격》(2018), 《당선, 합격, 계급》(2018) 같은 논픽션은 부조리와 불합리가 중첩된 세계를 치밀하게 파고드는 그의 전방위적 문제의식이 돋보이는 작품들이다. 어쩌면 장강명은 내면의 문제의식을 표출하기 위해 글을 쓰는 사람일지 모른다. 다작을 하는 이유도 거기 있을 것이다.

　장강명이 논픽션을 썼다고 하면, 그의 예전 직업을 아는 사람들은 대부분 기자 시절 쓴 것이 아니냐고 생각할 수 있다. 하지만 두 편의 논픽션 모두 등단 이후 '소설가 장강명'이 펴낸 것이다. 문예지, 신춘문예 등으로 등단한 국내 순문학 작가가 본업이 아닌 논픽션을 쓰는 데 수년의 시간을 들이는 일은 보기 드문 행보다.

　두 편의 논픽션은 기획부터 탈고까지 각각 2~3년씩 걸렸다고 한다. 1990년대 중후반 북한을 덮친 대기근 '고난의 행군'을 겪은 탈북자 지성호(21대 국회의원)가 주인공인《팔과 다리의 가격》과 문학공모전 네 곳에 당선되고 대기업, 언론사 공개채용 시험을 통과한 장강명 본인을 화자로 내세워 공모전과 기업의 공채 제도로 한국 사회를 조명한《당선, 합격, 계급》이다. 인터뷰에서 장강명은 "아이러니하게도 논픽션 쓰는 것이 에세이, 소설보다 몇 배 힘든데 제일 안 팔리더라"며 웃었다. 글밥을 먹고 사는 이름난 작가가 '가성비' 떨어지는 논픽션 쓰기를 택한 이유는 무엇이었을까.

———

'안 팔리는' 논픽션, 왜 쓰셨나요?

그러게요.(웃음) 보통 쓰는 데 들인 노력 대비 판매량은 에세이가 가장 좋거든요. 에세이 쓰는 것의 몇 배 힘든 게 소설이고 소설의 몇 배가 논픽션이에요. 정작 논픽션은 잘 안 팔리죠. 근데 왜 쓰냐고 물어보면 정말 할 말이 없긴 한데….

소설도 소설 나름이지만 경험상 논픽션 쓰기가 훨씬 힘들었어요.《팔과 다리의 가격》분량은 130쪽 남짓인데, 집필에만 1년 넘게 걸렸어요. 소설이었으면 같은 분량 쓰는 데 그렇게까지 안 걸렸을 거예요.《당선, 합격, 계급》은

2015년에 구상했고 2018년에 탈고했으니 3년 정도 걸린 셈이고 집중적으로 취재한 기간은 2년 정도였어요. 문학공모전을 만든 출판사 대표 네 분과 문학평론가, 작가 지망생, 공모전을 거치지 않고 활동하는 작가, 웹소설 작가 등을 인터뷰했어요. 작가 지망생 520명, 독자 812명을 대상으로 직접 설문조사도 했고요. 아내(김혜정 '그믐' 대표)가 설문조사 정리하는 걸 일일이 도와줬는데 욕 많이 먹었어요. 두 번 다시 이런 거 하지 말라고.(웃음)

두 작품은 같은 논픽션으로 분류되지만 읽다 보면 다른 장르의 글처럼 느껴집니다.

논픽션은 정의하기 어렵습니다. 논픽션은 문학적 필요에 따라 생긴 단어가 아니라 미국의 대형 서점이 책을 분류하는 과정에서 나온 말이거든요. 논픽션 하면 떠오르는 관습적인 상像은 있죠. 픽션과 논픽션의 경계는 비교적 뚜렷하지만 인문·사회 교양서와 논픽션의 경계는 모호한 것 같습니다. (논픽션의 정의를 말하기 위해선) 다른 장르와의 경계보다는 논픽션 한가운데에 있는 특징을 이야기하는 게 좋다고 생각합니다.

'논픽션 한가운데의 특징'은 무엇인가요?

네 가지가 있어요. 팩트와 스토리텔링, 캐릭터 그리고 내레이터(화자)입니다. 팩트는 논픽션이 픽션과 구별되는 요소이고, 스토리텔링은 픽션과 논픽션을 유사하게 만들어주는 특징입니다. 어떤 인물, 즉 캐릭터를 다룬다는 점에서 역사서, 과학도서와 다릅니다. 또 논픽션은 '쓰는 사람'의 등장 여부는 상관없지만 '읽는 사람'이 내레이터 혹은 저자의 존재를 의식하는 장르가 아닐까 해요. 취재를 해서 재구성한 사람이 있다는 사실을 독자가 의식할 수밖에 없는 글이죠.

《팔과 다리의 가격》은 '북한 인권'이라는 장강명의 오랜 관심사에서 출발했다. 책의 주인공 지성호는 그가 기자 시절 알게 된 인물로 북한인권단체이자 북한이탈주민 지원단체 NAUH 대표다. 책의 수익금 전액은 NAUH 활동에 기부됐다. 《팔과 다리의 가격》 서문에 장강명은 이렇게 적었다. "독자들이 그저 눈을 감고 수많은 사람들이 아무 잘못 없어 굶어 죽은 비극에 대해 더 슬퍼해주기를 바란다. 그런 참사가 왜 일어났는지, 그게 누구의 책임이었는지 아는 것은 뒤로 미뤄도 된다. 비난의 대상을 찾는 것은 그보다 훨씬 더 먼 미래로 연기하거나, 아예 하지 않아도 되고."

비판과 비난이 아니라 슬픔과 공감을 위해 쓴 글임을 명시한 것이다. 작가는 집필 목적에 맞게 극한의 굶주림으로 신음하는 사람들의 구체적인 표정을 묘사하는 데 집중한다. 할머니 몰래 허겁지겁 메주를 먹다가 위장이 터져 죽은 여성, 자기 몫의 죽을 다 먹고는 유난히 먹는 속도가 느린 막내의 죽 그릇을 쳐다보는 아버지…. 책은 오랫동안 굶주린 사람이 어떻게 윤리와 양심을 저버리는지, 인간 존엄은 어떻게 무너지는지 생생하게 드러낸다.

《팔과 다리의 가격》은 1996년, 당시 14세 소년 지성호가 생활고로 화물열차에서 석탄을 훔치다 사고로 팔과 다리를 잃는 사건을 기승전결로 풀어낸다. 이 사고로 수족을 잃은 지성호는 꽃제비 생활을 하게 된다. 지성호가 '꽃제비 출신'으로 유명세를 얻었다는 사실을 생각하면 (대중의 궁금증을 해소하기 위해선) 그가 꽃제비로 살았던 시절을 다룰 법도 한데, 장강명의 선택은 달랐다.

지성호 씨가 꽃제비로 살았을 때나 탈북 과정, 남한에서 겪었던 일은 모두 배제하고 팔과 다리를 잃은 사건에만 집중한 이유는 무엇인가요?

쓰면서 내용이 많이 바뀌었어요. 지성호 씨의 가정사를 쓰고 싶었는데 (취재원 요구로) 그러지 못했죠. 자유롭게 쓰지 못한다는 점이 실존 인물을 주인공으로 하는 논픽션의 한계라고 느꼈습니다. 개인적으로는 가정사 관련 내용이 극적이어서 결말에 배치하고 싶었는데 그렇게 하지 못했어요.

소재뿐 아니라 내용이나 묘사의 방식에 관해서도 조율하는 과정이 길었어요. 저는 고난의 행군 시기가 얼마나 비참했느냐에 대한 이야기를 쓰고 싶었는데, 지성호 씨는 자기 같은 장애인도 극복할 수 있었다는 메시지를 주고 싶어 했어요. 팔다리가 없는 상태로 중국의 끝까지 갔다가 제3국을 거쳐 한국으로 넘어오는 과정은 상세히 취재했는데, 쓰지 못했어요. 탈북 루트가 알려지면 안 되거든요.

무엇보다 논픽션을 쓰기로 결심한 이상 내러티브를 만들어야 하고 이야기로서 완결성이 있어야 하잖아요. 이야기를 어디서 끝내는 게 좋을까 많이 고민했어요. 꽃제비 이야기, 탈북 과정, 남한에서 벌어진 일들…. 가정사를 쓰지 못하는 상황에서 그런 이야기들이 들어가면 기승전결 구조에서 군더더기가 되더라고요. 뺄 수밖에 없었죠.

장강명은 취재를 글로 재현하는 기자인 동시에 구성을 고민하는 작가다. 기자라면 탐낼 만한 생생하고 극적인 팩트도 이야기 골격에 어울리지 않는다고 판단하면 미련 없이 쳐냈다.

논픽션의 골격을 짤 때 가장 중요하게 생각하는 건 무엇인가요?

구성입니다. 논리적 흐름 끝에는 어떤 통찰이 있어야 하고, 그 과정에서 통찰을 힘 있게 보여줘야 되는 거죠. 통찰은 보통 취재 경험에서 나오는데, 사실 통찰을 모르면 구성을 짜기 어려워요.

통찰을 파악한 후에는 전통적인 기승전결 구조를 설계합니다. 가장 재밌기도 하고 사람들이 편안하게 여기거든요. 일종의 테크닉이기도 한데 절정을 정하는 게 가장 중요한 것 같아요. 절정, 즉 클라이맥스를 정해놓고 기하학적으로 '기-승-결'을 생각하는 겁니다. 절정은 결말과 거리가 가까워야 하고 '기'에서 절정까진 오르막처럼 긴장이 점점 쌓여야겠죠.

어떤 종류의 사건을 절정으로 삼아야 할까요?

감정의 증폭이라고 할까요? (감정이) 폭발하는 순간이 있어도 좋아요. 어느 꽃제비의 이야기라면 그 꽃제비가 완전히 추락하는 순간이 절정이어야겠죠. 《당선, 합격, 계급》 같은 형식의 논픽션은 조금 다릅니다. 문학공모전과 공개채용 같은 한국의 입시제도는 왜 이렇게 부조리한가란 물음에 대한 추적 과정이니까 그에 대한 답이 밝혀지는 순간을 절정으로 삼아야 합니다. 처음부터 쌓아올린 것이 종합되면서 하나의 그림을 보여주는 순간이죠. 이건 전통적인 방법일 뿐 금과옥조는 아니라고 생각해요.

《당선, 합격, 계급》은 논픽션이라고 하기엔 낯선 형식의 글이다. 언뜻 대중적 사회과학서에 가깝다. 이 책엔 화자가 등장하는데 다름 아닌 '소설가 장강명'이다. 이야기는 장강명과 《한국경제신문》 문학 담당 기자와의 통화에서 시작한다. 먼저 기자가 묻는다. "저희 신문사 신춘문예 마감이 일주일 남았는데 작가 지망생에게 선배 문인들이 하고 싶은 조언을 모아서 기사를 쓰려고 합니다. 한 말씀 들을 수 있을까요?"

장강명은 이때 통화에서 하지 못한 이야기들을 글로 쓰고 싶었다고 서두에 밝힌다. 장편소설 공모전 시스템에 대해선 곰곰이 생각할수록 그리고 취재할수록 다른 관점이 떠올랐다는 것이다. 문학 공모전은 한국 입시 시스템의 일부라는 것이다. 문단이라 불리는 대형 출판사가 운영하는 시험에 통과한 사람에게만 '작가'라는 자격을 부여하기에, 어쩌면 가장 비정형적이어야 하는 예술가들이 정형화

된 시험에 통과하는 데 일생의 에너지를 소진하게 된다는 것이다. 문학 공모전과 공개채용 제도를 통해 한국 사회의 고질적 병폐를 조명한 그는 "한국 사회와 한국 소설이 역동성을 잃어 가는 건 상당 부분 그 제도 때문이라고 나는 생각한다. 기회를 주기 위해 기획된 시스템이 어떻게 새로운 좌절을 낳게 됐는지에 대해 쓰고 싶었다"고 말한다.

장편소설 공모전과 공개채용 제도를 함께 다뤄야겠다고 결심한 계기는 무엇이었나요?

2011년부터 2015년까지 문학공모전 네 곳(한겨레문학상, 수림문학상, 제주4·3평화문학상, 문학동네작가상)에 모두 당선됐어요. 기분이 좋긴 했지만 이게 정상일까 싶었죠. 1990년대 중반에 시작돼 20년간 이어진 이 제도가 수많은 소설가 지망생을 착취하는 불공정한 구조일 수 있다고 생각했어요. 기업의 공개채용 제도와 연결되면서 조선시대의 과거제도로부터 내려오는, 시험을 통과해야 자격증을 부여하는 폐쇄적 장치 같다는 생각이 들었죠.

《당선, 합격, 계급》은 인물이나 사건이 아닌 시스템을 다룬다. 스토리텔링보다는 외부 세계를 탐사에 집중한다. 글 쓴 본인을 화자로 내세우는 것을 제외한다면 장기

연재한 기획기사에 가까운 인상이다. 그렇다고 《당선, 합격, 계급》과 같은 기사를 읽은 적이 있느냐고 묻는다면 '아니'라고 답할 수밖에 없다. 익숙한 듯 낯선 독후감은 이 작품이 벼리고 있는 문제의식에서 온다.

논픽션 소재를 정하는 기준이 궁금합니다.

시대정신이 중요하다고 생각합니다. 논픽션은 품이 많이 들고 시간이 오래 걸리는 작업이에요. 일간지 기사도 아니잖아요. 단행본으로 나오기 때문에 필히 몇 년을 읽혀야 하죠. 그날그날 읽고 더 이상 안 읽히는 글이 있는가 하면 두고두고 읽히는 글도 있어요. 그런 글이 되려면 문제의식 자체가 최소한 10년은 가는 것이어야 해요.

소재를 찾는 방법에는 두 가지 전략이 있어요. 상향식과 하향식이요. 문제의식을 가진 작가가 관련 현장을 찾아가는 방식이 하향식일 테고요. 상향식은 흥미로운 소재나 현장이 있고, 이걸 취재해보면 문제의식이 드러날 것 같아서 시작하는 경우에 해당하죠. 《당선, 합격, 계급》은 하향식, 《팔과 다리의 가격》은 상향식에 가깝습니다.

논픽션뿐 아니라 발표한 소설 대부분에 날 선 문제의식과 관련 현장이 등장합니다. 기자 경험이 영향을 미

친 걸까요.

정작 미디어 업계에서 많이 무너진 것 같지만 머릿속에만 갖고 있던 문제의식을 글로 쓰는 법은 신문사 들어와서 배웠어요. 정말 최고의 학교였고, 그때 배운 방법론을 존중·존경하는 것을 넘어 사랑하고 있어요.

(방법론이) 무엇이냐고 물으신다면 아주 기본적인 것들이에요. 문제의식을 글로 써내기 위해선 현장과 캐릭터가 있어야 하고요. 인터뷰 방법이라든가 문제의식을 뾰족하게 다듬는 방법 같은 것도 있고요. 무엇을 철저히 취재해야 하며, 어떤 것은 직접 확인해야 하고, 어떤 주장은 반론을 물어야 한다는 것들이요. 저 또한 현장에 있을 때는 바빠 죽겠고, 마감시간이 있으니 배운 대로 못 했죠. '지킬 수 없는 가르침'으로 끝나버리는 게 아쉬웠어요.

문제의식을 지닌 작가로서 논픽션과 소설 중 어떤 작업을 선호하나요?

당연히 소설이죠. 전 소설가니까요.(웃음) 다른 수식어 다 빼고 '어떤 글을 쓰고 싶냐'고 누가 물을 때 '이런 걸 써보고 싶다'라고 답할 수 있는 책이 있거든요. 그 책들이 대부분 소설이에요. 표도르 도스토옙스키의 《악령》(1872), 제임스 엘로이의 《블랙 달리아》(1987), 무라카미 하루키의

《노르웨이의 숲》(1987)이요.

왜 소설인가요?

아마 '타격점'의 문제인 것 같아요. 《노르웨이 숲》을 르포르타주로 썼다고 생각해보세요. 그런 식의 결과물은 절대 나올 수 없거든요. 소설만이 가닿을 수 있는 인간 내면의 이야기가 있어요. 《악령》도 마찬가집니다. 사람 마음 밑바닥의 어두컴컴한 것을 보여줘야 하는데 그건 논픽션 방법론으로는 쉽지 않습니다. 논픽션은 실존 인물의 행동이나 태도를 통해 유추하는 방식으로 타격점을 찾아가죠. 논픽션 작가라면 유능하게 익혀야 하는 전통적인 기술이에요. 다만 어려울 뿐이죠.

장강명은 '타격점'을 여러 번 언급했다. 문단에서 정식으로 사용하는 단어는 아닌 듯했다. 용례를 종합해보면, 이야기에서 독자의 마음을 가장 강하게 타격하는 어떤 지점을 의미하는 것 같았다. 그것은 기승전결 구조와 관련이 있을 수도, 어쩌면 아예 무관할 수도 있다.

타격점을 찾기 위해선 취재원의 진솔한 답변을 이끌어낼 수 있어야 할 것 같은데요. 보통 질문은 어떻게

하는 편인가요?

묘수가 있을 것 같잖아요? 전혀 없어요. 그냥 계속 물어보고 또 물어보는 거예요. 제가 직접 경험하지 않았으니까 답을 들어도 단박에 이해 안 되는 경우가 많거든요. 기자들은 잘 알겠지만 사람들이 대개 요령 있게 답변하진 않아요. 그러다 보니 시간이 오래 걸리죠. 딱히 질문의 전략이라든가 이런 게 있진 않아요. 있으면 좋으려나.(웃음) 그런 게 없어선지 시간을 오래 들이는 편이에요.

기자를 관두고 소설가로 전업한 이유도 바로 그 타격점과 관련이 있을까요?

누군가 제게 왜 소설가가 됐냐고 묻는다면 '사람 내면에 대해 이야기하고 싶어서'라고 답하거든요. 그건 논픽션이 하기 어려운 일이에요. 물론 논픽션에서도 사람 내면에 대해 말할 수는 있어요. 하지만 그 사람의 입으로 한 번 들어야 하죠. 어떤 타격점은 사람의 내면에서만 일어나는 감정일 수도 있어요. 본인도 모를 수 있는 것들, 그 사람 안에서만 벌어지는 것들이 가장 중요한 타격점이 될 수 있거든요.

그럼에도 불구하고 소설이 따라갈 수 없는 논픽션만

의 매력이 있다면요?

'사실의 힘'이죠. 감동적인 소설을 읽고 마음이 움직일 때가 있잖아요. 만약 그 소설이 거짓 없이 팩트로만 구성돼 있다고 생각해보세요. 사실의 힘은 정말 대단하거든요. '이건 실화다'라는 문장엔 엄청난 힘이 실릴 수밖에 없습니다.

논픽션의 영혼이라고 할까요? 그건 저자의 의지에 있어요. 외부 세계에 영향을 미치겠다는 의지를 가지고 국가와 세계를 탐사한 기록을 논픽션이라고 하면요. 말하다 보니 논픽션의 영혼은 기자정신과 통하는 구석이 있군요.

논픽션의 영혼과 기자정신⋯. 한데 기사와 논픽션은 비슷하면서도 다른 것 같습니다.

논픽션의 소재는 최소 10년 가는 문제의식이 있어야 한다고 했잖아요. 오랜 세월 회자되는 문제의식엔 당연적인 요소가 있다고 생각해요. 그렇다고 해서 당연적인 결과가 나와선 안 되죠. 이쪽에서 바라보면 이런 진실이 드러나고 저쪽에서 바라보면 저런 측면이 나올 수 있어야 해요. 균형 감각이라고 불러도 좋을 것 같네요. 대상의 다양한 면을 보여주어서 입체적 실체를 드러내는 것이죠.

기사는 애초에 분량 자체가 그런 작업을 하기 쉽지 않

"논픽션은 실존 인물의
행동이나 태도를 통해
유추하는 방식으로
타격점을 찾아가죠.
논픽션 작가라면
유능하게 익혀야 하는
전통적인 기술이에요.
다만 어려울 뿐이죠."

사진 제공 장강명

죠. 기사 하나하나의 야심이 그렇게 크지 않을뿐더러 물리적으로도 불가능하고요. 여러 기사를 통해 궁극적으로 그런 목표를 달성하는 경우도 있겠지만 보통은 어렵잖아요.

기자 11년, 소설가 13년. 이제 장강명은 기자보다는 소설가로 불리는 게 마땅하다. 그는 2023년에 낸 에세이 《소설가라는 이상한 직업》에서 "헌신할수록 더 좋아지는 직업"이라며 "스스럼없이 '내 것'이라고 말할 수 있는 결과물을 생산하며 거대한 흐름에 참여함을 느끼고 부속품이 되는 것과 다른 기분 좋은 감각을 느낄 수 있다"고 했다. 그에게는 쓰려다 접은 논픽션 아이템도 있다. 한국 특유의 존댓말 문화와 이직離職한 사람들에 관해서다. 일상의 문제의식에서 출발한 소재 같았다.

(위 소재에) 관심을 갖게 된 계기는 무엇인가요?

존댓말 문화 같은 경우는 조선시대 때는 이렇게 엄하지 않았다고 하잖아요. 군대문화라는 사람도 있는데, 그렇다면 군대 안 간 학생들이 왜 그렇게 군기를 잡는지도 궁금했고요. 동북아시아에서도 한국이 유독 심한 편이니 유교 문화의 영향은 아닌 것 같고요. 한국만의 특이한 문화라고 생각해서 한번 써보고 싶긴 해요. 문제의식 자체는 10

년, 20년, 그보다 오래 갈 것 같고요.

이직 같은 경우는, 저도 직장을 드라마틱하게 옮긴 사람이고(공대를 졸업한 그는 건설사에 다니다 그만두고 신문사에 재취업했으며, 그마저 그만두고 소설가로 살고 있다.) 평생직장이라는 개념이 무너지기도 했잖아요. 이직이라는 작업 자체가 스트레스가 심한 데다가 이직하면서 '내 인생은 뭘까'라는 질문을 맞닥뜨리게 되잖아요. 화이트칼라에서 블루칼라로 이직하는 경우, 혹은 그 반대 케이스, 노동시장 끄트머리에서 어쩔 수 없이 이직하는 경우 등 종류별로 인터뷰해보고 싶었어요. 근데 워낙 품이 많이 드니 우선순위에서 밀리게 되더라고요.

다음 논픽션은 언제 볼 수 있을까요?

당분간은 계획이 없어요. 이젠 정말 쓰고 싶은 걸 써야겠더라고요. 최근 출간한 장편소설 《재수사》(2022)가 구상부터 탈고까지 만 3년이 걸렸어요. 없다고 생각했던 슬럼프까지 와서 정말 힘들었습니다.

이제 저도 조금 있으면 쉰 살이 됩니다.(웃음) 언제까지 글을 쓸 수 있을까를 생각하게 되더라고요. 한동안은 소설을 쓰지 않을까 합니다. 타격점을 줄 수 있는 소재를 찾으면 마음이 바뀔 수도 있겠지만요.

장강명

어느 인터뷰에서 장강명은 스스로를 '사회파 작가'라고 불렀다. "당대 현실을 쓴다"는 이유에서다. 장르 불문 그의 작품 대부분에는 현실에 관한 문제의식에서 출발해, 집요한 관찰과 사색에서 이끌어낸 통찰이 담겨 있다. 국내 문단에서 쉽게 찾아볼 수 없는 '사회파 작가'란 수식어에 고개를 끄덕이는 까닭이다.

'사회파 작가' 장강명의 다음 논픽션은 어떤 이야기일까? 궁금하지만 소설에 몰두할 시간도 부족하다는 이에게 부업을 떠밀 수는 없는 노릇이다. 그의 말마따나 논픽션은 십중팔구 '가성비 떨어지는 작업'이니. 팔리지도 않는데(?) 취재하랴 정리하랴 글 쓰랴 품은 어찌나 많이 드는지. 게다가 창작의 자유를 맛본 소설가에게 논픽션은 성가신 제약이 많은 장르다.

장강명의 논픽션에 목마른 독자에겐 최근 발표한 장편소설 《재수사》를 추천한다. 그는 '현실적인 경찰 소설'을 위해 논픽션 취재 기법을 활용했다. 강력계 형사를 포함한 아홉 명의 경찰을 심층 인터뷰한 끝에 형사의 일상과 현장과 직업관을 리얼하게 포착하고 재현해냈다. 소설이라지만 경찰 수사에 관한 생생한 르포르타주를 보는 기분이다.

언젠가는 소설과 논픽션을 종횡무진하는 그의 글쓰기를 '장강명이라는 장르'로 지칭하게 될 수도 있지 않을까? 사실을 재료 삼은 자유로운 상상력에 자기만의 문제의식과 취재로 길어낸 통찰을 담아낸 장강명의 다음 작품을 기다린다.

장강명

작가의
시력

문제를 문제로 만드는
기록자

희
정

"나를 쓰게 만드는 건
'인터뷰이들의 말'입니다."

희정
스스로를 '기록노동자'라 부른다. 주로 노동과 노동자에 관한 르포르타
주를 쓴다. 《베테랑의 몸》《일할 자격》《문제를 문제로 만드는 사람들》
《노동자, 쓰러지다》 등을 썼다. 기록노동의 시작은 2010년 2월 이화여대
청소노동자 노동조합 설립 투쟁 현장에서였다.

작가에게 시선視線은 어떤 대상을 향한 관심을 의미한다면, 시력視力은 대상의 세밀한 부분까지 파악해내는 능력을 뜻한다. 권력자의 각도에선 보이지 않는 사각지대를 발굴하기 위해 필요한 것이 작가의 폭넓은 시선이라면, 당사자조차 문제라고 생각해본 적 없는 미세한 영역까지 조명해내는 건 작가의 탁월한 시력일 것이다.

　　오랫동안 노동과 노동자를 집요하게 기록해온 작가가 있다. 스스로를 '기록노동자'라고 부르는 희정이다. 그가 공적으로 발표한 첫 글은 노동조합을 설립하려는 대학 청소노동자의 이야기(여성주의 저널 《일다》)였다. 직접 관찰하고, 함께 겪은 노동자의 삶을 글로 옮겨 적는 일을 하면서 "시야가 트이는 경험"을 했다는 희정은 전업 르포르타주 작가가 되기로 결심한다.

10여 년이 지난 지금까지도 희정의 시선은 여전히 노동과 노동자를 향하고 있지만, 그의 시력은 점점 미세한 지점까지 포착해내고 있다. 《노동자, 쓰러지다》(2014), 《삼성이 버린 또 하나의 가족》(2011) 같은 초기작이 산업재해를 통해 자본과 노동의 불평등한 권력 관계를 다룬다면, 최근 작업한 《일할 자격》과 《베테랑의 몸》(이상 2023)에서는 자본의 통제를 받는 노동자 개인의 정신과 몸에 집중한다. 볼록렌즈를 들이밀어야 보이는 미시적인 문제로까지 영역을 확장하고 있는 것이다.

희정의 탁월한 시력은 문제를 발견하는 데 그치지 않는다. 세밀함을 갖춘 작가가 쓰는 문장은 예리한 동시에 사려 깊다. 노동자 자신도 미처 깨닫지 못한 맥락까지 두루 살펴 한 글자 한 글자 신중하게 적기 때문이다. 반도체 직업병 2세 질환을 다룬 《문제를 문제로 만드는 사람들》(2022)은 이렇게 시작한다. "'아픈 아이를 낳았다'라고 썼다가 그 문장을 지워버렸다. '태어난 아이가 아팠다'라고 문장을 고쳤다." 소설가 황정은은 이 문장에 대해 "권력자들은 절대 쓸 수 없는 표현"이라고 평했다.

썼다가 지운 문장, 다시 쓴 문장. 얼핏 같은 의미로 들리지만 엄연히 다르네요.

'낳았다'란 동사의 주어는 엄마예요. '아픈 아이를 낳았다'는 건 엄마에게 책임을 물은 언어죠. 무의식에서 나온 문장이에요. 사회에서 통용되는 언어는 세상의 통념을 활용하면서 생산되잖아요. 기록자인 저도 세상에 속한 사람이기에 통념으로부터 자유로울 수 없어요. 아무리 조심한다고 해도요.

인터뷰이도 그렇게 표현('낳았다')했으니 처음 그 문장을 쓰셨던 게 아닐까요?

문제의 당사자조차 권력자가 만들어낸 언어에서 자유로울 수 없는 거죠. 무의식의 언어들이 발화되고 쌓이면 다시금 통념은 견고해지고…. 과정이 반복되다 보면 상처 입은 당사자들은 점점 목소리를 내지 않게 돼요. '목소리가 없는 사람들'로 분리되는 과정이죠. 저는 단단하고 편향된 통념으로 고통받는 사람들의 목소리를 기록하는 사람이잖아요. 제가 쓴 글이 되레 통념을 재생산하고 확대하는 말이 될까 경계하며 씁니다.

희정은 자신의 글을 '기록'이라 규정한다. 보고 들은 사실을 옮겨 적는 행위로서의 기록이다. 그가 기록을 시작한 건 2009년에서 2010년으로 넘어가는 겨울이었다. 그의 시선을 사로잡은 대상은 미화원이라 불리던 대학 청소노동자였다. 청소노동자들은 비밀리에 노동조합을 만들고 있었고, 비슷한 시기 그는 소설 습작을 한다며 도서관을 드나들던 졸업생이었다. 학교 몰래 노조를 만드는 청소노동자 이야기가 혹시 소설의 소재가 될까 싶었다고 한다.

기록을 결심하고 처음 한 일은 무엇이었나요?

학교 건물 곳곳의 미화원 휴게실을 찾아갔어요. 그전까지는 미화원 휴게실이 어디 있는지 몰랐거든요. 건물 안내도에도 나오지 않고요. 처음엔 1층부터 뒤졌는데 이 건물 저 건물 돌아다니다 보니 노하우가 생기더라고요. 건물의 가장 지하 아니면 가장 꼭대기 아니면 외곽에 설치된 컨테이너 가건물부터 찾아갔어요. 미화원 휴게실은 대부분 그런 곳에 있더라고요.

미화원 휴게실은 청소노동자가 유일하게 앉아서 쉴

수 있는 장소다. 그곳에서 노동자들은 집에서 싸온 간식과 밥을 먹었다. 휴식을 위한 공간이어야 하지만 안락함 따위는 기대하기 어렵다. 대부분 미화원 휴게실은 가장 낮거나 가장 높은 곳에 있었고 그래서 가장 춥거나 가장 더웠다. 늦은 해가 뜨는 시린 겨울, 컴컴한 공기가 내려앉은 교내 미화원 휴게실을 직접 찾아다니는 과정에서 그는 개안開眼을 경험한다.

'눈이 뜨이는 경험을 했다'고 표현했어요.

잘 모르는 학생 입장에서 '노동자가 세상을 바꿀 거야' '노동자의 투쟁은 옳다'는 식으로 세상을 이해해왔어요. (그는 대학 시절 '노동자·학생 연대'에서 활동했다.) 직접 휴게실로 찾아가 노동자분들과 같이 밥 먹고 간식 나누고 이야기하다 보니 '노동자는 가까이 있는 존재'로 인식하게 된 거예요. 이전까지 막연했던 노동운동, 노동자라는 개념들이 실존 인물들로 구체화되는 과정이었어요.

사실 저도 노동을 참 많이 했거든요. 과외, 판매 아르바이트 같은 것들이요. 많은 부분을 아르바이트 노동으로 책임졌어야 했음에도 불구하고 스스로 노동자라는 사실은 인식하지 않고 지냈어요. 일부러 그 노동이 나에게 아무것도 아닌 척했던 거죠. 노동과 나를 분리해왔던 거예요.

**청소노동자를 기록한 이후 인사하느라 정문에서 도
서관 가는 시간이 길어졌다고요.**

얼굴을 알든 모르든 모든 노동자분들께 인사해야 한
다고 생각했어요. 저 진짜 극 I(내향형)인데 너무 힘든 거예
요. 인사가 부담스러워서 학교를 가지 않는 상황까지 왔어
요.(웃음) 학교를 진짜 오래 다녔는데도 제 눈에 청소노동
자들이 그렇게 많이 존재한다는 걸 (기록하기 전에는) 인식
하지 못했거든요. 청소노동자가 계신다는 생각도 별로 못
했고, 있다고 해도 '우리 안 보이는 데서 청소하시나 보다'
정도로만 생각하고 살았어요. 근데 제가 청소노동자라는
존재를 알고 나니까 너무나 곳곳에 계시는 거죠. 일일이 인
사하는 게 피곤할 정도로요.

**존재하는데 존재하지 않는다고 착각되는 사람들이
많잖아요.**

그동안 나의 시야가 어딘가에 갇혀 있다는 것도 깨달
았어요. 한편으로는 청소노동자들이 자기 존재를 드러내
고 목소리를 내는 과정. 그분들이 노조를 만드는 것을 지켜
본 후에야 제 눈에 비로소 들어온 거잖아요. 노동자가 자신
의 존재를 드러내고 나의 시야도 함께 트이는 과정이 기록
이겠구나 싶었어요. 그래서 기록이라는 작업이 너무나 매

력적이었죠. 앞으로도 계속하고 싶다고 생각했어요.

　　기록 활동을 업으로 선택한 그가 화두로 삼은 것은 노동이다. 노동의 흔적까지 자신이 되어버린 노동자의 몸을 조명한 《베테랑의 몸》을 포함한 15권의 책 모두 노동에서 출발한다. 서사의 주인공이자 그가 관찰해온 대상은 노동하는 사람들, 그러니까 전부 노동자다.

노동에 천착하게 된 계기가 궁금합니다.

　　막연한 믿음이 있었어요. 노동을 통해 사람과 세상을 바라보면 사회 시스템을 더욱 잘 볼 수 있게 될 거라는 믿음이요. 그러면서 노동을 착목着目하게 됐어요. 노동을 기록하면 기록할수록 깨닫게 된 건데 사람들이 노동 이야기를 별로 안 좋아한다는 거였어요. "왜 노동을 기록해?"라는 질문을 정말 많이 받았어요. '하필이면'이라는 수식어를 붙이진 않았지만 사실은 붙어 있는 것 같은 질문이죠. 괜한 반발심이 들었어요. 아무도 좋아하지 않으니 나라도 써야겠다고요.

사람들이 좋아하지 않는 이야기를 굳이 쓰려는 이유는요?

언론인 스터즈 터클Studs Terkel의 저서 《일》(1974)의 부제('누구나 하고 싶어 하지만 모두들 하기 싫어하고 아무나 하지 못하는')를 좋아해요. 노동은 정말 누구나 하기 싫어하지만 누구나 하고 있잖아요. 어쩌면 인간에게 굉장히 중요한데 별로 중요하지 않다고 취급당하고…. 인터뷰를 하면 할수록 개인의 삶은 노동과 굉장히 긴밀하게 연결되어 있다는 걸 알게 돼요. 우리 일터가 실은 사회의 축소판이고 사회는 일터가 작동하는 방식으로 유지되잖아요. 그런데 사회에서 노동은 계속 소외당하고 사람들은 노동 이야기를 듣기 싫어하죠.

물론 최근엔 여러 경로를 통해 저마다 자기 노동에 대해 이야기하려는 욕구가 커지고 있다고 생각해요. 하지만 제가 기록을 시작한 2010년대만 해도 그러지 않았거든요. '노동'이라고 하면 지겹고, 뻔하고, 내 삶과는 거리가 먼 사람들 이야기라고 인식했어요. 일하다 사람이 죽는 건 그저 불운한 일 정도로 취급됐고요.

일을 해야만 생존할 수 있는 자본주의 사회에서 사람들은 일을 하다 죽어간다. 부조리한 상황이지만 사람들은 불쌍하고 안타까운 일로만 치부하고 넘긴다. 하지만 희정은 소리 없이 죽어가는 노동자들의 삶을 집요하게 물고 늘어져 '문제를 문제로 만드는' 작업을 해왔다. 삼성 반도체 공장에서 일하다 병들거나 죽은 노동자 11인과 그 가족들의 목소리를 담은 《삼성이 버린 또 하나의 가족》이 대표적이다.

기록을 읽으면서 많은 감정을 느꼈습니다. 황당함, 분노, 막막함, 슬픔… 하나로 묶이지 않는 복합적인 감정이요.

저도 공장에서 일했다는 이유로 죽음에 다다를 정도의 피해를 입은 사람들을 태어나 처음 봤어요. 당시만 해도 (반도체 직업병은) 괴담처럼 여겨졌거든요. 과학적이지 않다는 취급은 너무 당연했어요. 전 화가 난 상태였고 이걸 믿어주지 않는 세상을 향해 같이 분노해주는 것 말고는 할 수 있는 게 없었어요. 이 사실을 빨리 제대로 전달해서 많은 사람들이 공분에 동참해주었으면 좋겠다, 이 비극이 사실이라는 걸 알아줬으면 좋겠다는 마음이었어요. 뭐랄까요. 의무, 목적에 치우쳐서 개인적인 감정을 느낄 새가 없었어요. 한편으로는 내가 힘들면 얼마나 힘들까. 당사자들보다는, 그 당사자들 옆에 있는 반올림 활동가들보단 힘들지 않을 거잖아요. 취재하고 기록하던 당시엔 진짜 별로 안 슬프고 안 힘들었는데….

인터뷰한 분이 돌아가신 경우도 있었죠.

한창 인터뷰를 하고 있는데 부고가 들려와요. 당시엔 현실감이 없었는데 슬픔이 나중에 몰려오더라고요. 한동안 '사람이 있다 없어진다'는 문장을 내내 생각하게 됐어요. 직업병 취재를 다시는 못할 것만 같았어요. 10년이 지난 후에야 반도체 직업병 2세 질환을 다룬 기록물을 다시 작업하게 됐어요.

반도체 직업병 당사자는 삼성의 사과와 보상을 약속받았지만 피해는 끝나지 않고 대물림됐다. 직업병 피해는 반도체 공장에서 일하던 노동자 자녀들에게도 나타났다. 선천성 식도폐쇄, 콩팥무발생증, 방광요관역류, IgA신증…. 생소한 이름을 가진 질병들은 갓 태어난 아이가 앓기엔 거대하고 낯설어 무시무시하기까지 하다. 다시 기록할 수밖에 없었다. 반도체 공장에서 근무한 노동자들의 2세 질환 직업병 문제를 다룬 《문제를 문제로 만드는 사람들》은 그렇게 세상에 나왔다. 이 책에서 지적하는 반도체 공장 노동자의 생식독성 문제[*]는 산업재해의 범위를 넓혀야 한다는

---

[*]   반도체 공정에서 나오는 독성 물질이 생식기능, 생식능력뿐 아니라 태아의 발생, 발육에 유해한 영향을 미칠 수 있다.

문제의식으로 이어진다.

당사자에 이어 2세 질환까지 '반도체 직업병'을 두 권째 다루고 있습니다. 과학지식 없이 접근하기 힘든 주제인데요. 취재는 어떻게 했나요?

'반도체 직업병'이 과학적 사실인지 아닌지 논증하는 자료를 계속 읽었어요. 삼성을 비롯한 여러 기관에서 발표하는 과학적인 자료들도 포함해서요. 다만 발표된 자료들이 어떤 편견 혹은 어떤 힘과 돈의 논리를 기반으로 만들어진 게 아닐까 경계하며 읽었어요. 편파적 논리가 객관적인 과학으로 위장되는 걸 많이 봐왔거든요. 삼성이 발표한 자료를 읽은 후에는 반드시 거기에 반박하는 활동가와 과학자들의 입장도 읽었어요.

편파적일수록 꼼꼼해야 한다고 생각해요. 고병권 선생님의 '북클럽 자본' 시리즈를 읽고 있는데 거기에 나온 구절을 인용해 말씀드리고 싶어요. 마르크스에 따르면 《자본론》(1867-1894)은 노동자 편파적이기 때문에 근거가 훨씬 더 엄격하고 논리적이어야 한다는 거죠. 왜냐하면 노동자가 들고 싸울 무기가 약하거나 무뎌선 안 되잖아요.

직업병과 산업재해, 2세 질환, 노동 환경과 노동자의

정체성…. 노동을 둘러싼 다양한 소재를 다루지만 중심엔 언제나 사람이 있다. 노동하는 사람들, 그야말로 노동자‍‍다. 그가 만난 노동자 대부분 생존과 직결된 문제를 겪고 있었다. 그들의 말을 들어주는 것만으로는 충분하지 않다고 느낄 수 있다. 문제를 수면 위로 올릴 수 있을지언정 몸의 고통은 지속된다. 삼성LCD 반도체 직업병 당사자 한혜경 씨와의 사연이 그랬다. 혜경 씨는 1995년 11월부터 2001년 7월까지 5년 9개월 동안 삼성 기흥공장에서 일했다. 생리불순과 면역력 약화 등의 이유로 회사를 그만두고, 2005년 10월 뇌종양 진단을 받고 종양 제거 수술을 받았다. 후유증으로 시각장애 1급, 보행장애 1급, 언어장애 1급 판정을 받았으며 평생 재활치료를 해야 한다.

한혜경 씨 이야기를 하니 눈시울이 붉어지네요.

혜경 언니가 저한테 이렇게 물었어요. "내가 장애인이 됐어요. 이걸 어떻게 하죠?" 이전으로는 돌아갈 수 없는 몸이 된 거잖아요. 아무리 산재를 인정받고 직업병이었다는 게 밝혀진다 해도요. 인터뷰하러 갈 때만 해도 '나는 저 사람과 같은 편이고, 같은 입장에서 이야기하러 가는 것'이라고 다짐했어요. 하지만 막상 만나고 보니 언니와 나 사이에는 엄청난 거리가 있는 거예요. 내가 저 사람의 삶에 대해 감당할 수 없는 게 너무 많은 거예요. 너무 괴로웠어요. 이런 기록을 남기는 게 무슨 의미일까 싶었어요.

기록을 하다 보면 분노를 넘어 회의, 비관에 이르는 순간이 올 것 같아요.

당시엔 개운한 답을 얻지 못했어요. 시간이 많이 흘렀어요. 피해자로 규정되었던 사람들이 여러 방식들로 자신을 변화시키면서 살아가더라고요. '이후의 삶'을 나름대로 구축해나가는 것들을 멀리서나마 띄엄띄엄 보게 됐어요. 혜경 언니의 질문은 제게 답변을 구하려는 게 아니었어요. 질문의 답은 당사자들이 각자의 삶에서 해결해나가고 있었어요. 그들은 기록의 대상으로만 존재하는 사람이 아니라 본인 삶의 한 순간에 기록자인 나를 만난 거였죠. 마침내 그들을 나의 글 속에 머물게 하지 않고 동등한 사회 구성원으로 인지하게 됐어요. 우리는 서로에게 영향을 미치고 살아가지만 각자의 삶을 구축해나가는 동등한 존재라고요.

병을 앓고 불구가 되고 결국 죽음에 이르는…. 모두 노동자의 '몸'에 관한 것들이다. 노동은 노동자의 몸과 정신을 변형시키고 이후의 삶까지 막대한 영향을 미친다. 노

"편파적일수록 꼼꼼해야 한다고 생각해요. 노동자가 들고 싸울 무기가 약하거나 무뎌선 안 되잖아요."

사진 최형락

동과 노동자를 기록해온 그가 점점 '노동자의 몸'에 정교한 초점을 맞추게 된 건 자연스러운 과정이다. 최근 저서인 《퀴어는 당신 옆에서 일하고 있다》(2019)와 '일터의 낙인' 2부작 《일할 자격》《베테랑의 몸》은 노동자의 몸에 관한 이야기다. 자본주의 일터는 언제나 고효율을 뽑아낼 수 있는 몸을 선호한다. 뾰족하거나 알록달록하거나 지나치게 튀는 몸은 일단 경계 대상이다. 하지만 일터가 요구하는 조건과 불일치하는 몸을 가진 노동자도 있기 마련이다.

'일터의 낙인' 2부작은 전작과 비교했을 때 굵직하다기보다 세밀하다고 해야 할까요?

예전엔 노동을 사건으로만 다뤘어요. 실은 사건을 겪는 '사람'을 기록해온 거잖아요. 노동하는 사람의 몸에 대한 이야기를 하는 거죠. 노동 자체만으로 존재하는 사람은 없잖아요. 노동자가 갖고 있는 정체성, 사회적 지위, 성향 등과 일터의 자격과 낙인이 교차된 상태가 분명 존재해요.

예전에 직업병 취재하면서 만났던 사람들이 공통적으로 했던 말이 있어요. "전 다시 일터로 돌아갈 수 없어요." 일터가 '허용'하는 몸이 있는 거예요. 일터의 문턱이 얼마나 높은지, 이른바 '정상적인 몸'들만 통과하게 만드는 거죠. 사실 산업재해가 그런 거잖아요. 통상적으로 정상이라 말하는 건강한 몸을 데리고 와서 건강하지 않은 몸이 됐을 때, 즉 일터에 적합하지 않은 몸이 됐을 때 쫓아내는 거요.

'노동자의 몸'에 이어 그가 주목한 다른 갈래는 '노동자의 목소리'다. 노동자가 일터에서 겪는 갈등을 최초로 드러내는 건 타인의 고발도 기록도 아닌 노동자 자신의 각성과 외침이기 때문이다. 그는 최근 동료 작가 여섯 명과 함께 '싸람'(싸우는 노동자를 기록하는 사람들)을 만들었다. '노동자의 투쟁'을 주제로 글 쓰는 기록노동자들의 모임이다. '싸람' 홈페이지 소개 문구엔 이런 글귀가 적혀 있다. '사람 발길이 적은 투쟁 사업장을 주로 기록한다. 싸움에는 크고 작음이 없다. 맞서도, 견디고, 함께하고. 세상을 바르게 보기 시작한 사람들의 삶에 귀하고 낮음이 따로 없는 것처럼.'

'사람 발길이 적은 투쟁 사업장'이라는 표현이 인상적입니다.

프리랜서 작가로 활동한 지 꽤 됐기 때문에 여러 언론사나 출판사에서 기고를 종종 받는 편이에요. 그런데 '노동자의 투쟁'을 기록하자는 요청은 받아본 적 없어요. 아무도 건들지 않는 소재인 거죠. 대형 언론에서는 쌍용 자동차 같은 굵직한 투쟁 말고는 깊게 다루지 않죠. 많은 동료들이 원고료도 받지 못하고 무상으로 기고하듯 쓰는 경우가 많았어요. 그러다 보니 안타까움이 남아 있었죠. 왜냐하면 (노동자의 투쟁에 관한 기록이) 재생산이 안 되는 거잖아요. 관심과 지원이 없어서 사라져가는 기록들의 명맥을 유지하고 싶은 마음이었어요.

관심과 지원이 없는 소재라는 건 바꾸어 말하면 팔리지 않는 이야기라는 거네요.

그럴 수 있겠죠. 그래서 내 책이 잘 안 팔리나?(웃음) 대중의 관심도에 관한 문제일 수 있지만 어쩌면 사회가 어떤 것에 더 가치를 두느냐, 어떤 것을 더욱 심각한 문제로 받아들이느냐 하는 것과 직결된다고 생각해요. '언어 체계'의 구축 여부에 달린 거죠. 근데 저는 쉬이 드러나지 않는 이야기, 언어 체계가 없는 이야기에 끌려요. 무無에서 시작하는 것이 훨씬 공부가 많이 되기도 하고요. 익숙한 언어가 없으니까 더욱 지난하고 힘든 작업이긴 해요. 그렇기에 의식적으로 더 써야겠다는 사명감을 느끼기도 하죠.

사명감만으로 이렇게 오랫동안 많은 저서를 내는 것

은 쉽지 않은 일인데요.

믿으실지 모르겠지만 저는 정말 게으르거든요. 마감
안 하면 쫓겨나니까 써야겠다면서 억지로 책상에 앉아요.
그래놓고 인터뷰이들의 녹취를 들으면 어느 순간 일이 너
무 재밌고 좋아져요. '우리 인터뷰이 최고'라며 혼잣말도
하는데, 약간 자존심이 상할 때도 있어요. 어떻게 너무 쓰
기 싫어했는데 녹취 몇 분 들었다고 벌써 좋아지네.(웃음)
《한겨레21》이랑 인터뷰할 때 기자님에게 '당신을 쓰게 만
드는 책이 무엇이냐'는 질문을 받았어요. 그때 고지식하게
도 책을 물어서 책으로 답했어요. 한참 지난 후에 그때 솔
직하게 말할 걸 그랬다 싶은 거예요. '나를 쓰게 만드는 건
인터뷰이들의 말'이라고요.

인터뷰이의 말, 어떤 면이 그렇게 좋은가요?

인터뷰이의 귀한 말을 얻기까지 다른 부수적인 말들
이 많이 존재해요. 어느 날은 동료 뒷담화밖에 못 듣는 날
도 있고요. 어디 찌라시에 나올 법한 소문 전해주는 내용을
한참 듣고 있어야 할 때도 있어요. 녹음이 1시간짜리라고
하면 50분은 그런 것들로 채우고 본격적인 이야기는 10분
정도만 나올 때도 있어요. 근데 저는 그런 이야기를 듣는
게 기쁘고 좋아요. 인터뷰이와 거리가 가까워진 기분이라

고 해야 하나. 아니 왜 처음에 손님이 오면 가장 좋고 고운 찻잔을 내주잖아요. 이가 하나도 안 빠지고 정갈한 찻잔. 근데 조금씩 친해지고 나면 이 빠진 컵도 내어주고 보리차를 병째로 주기도 하죠. 그럴 때면 내가 이 사람의 실제 모습에 더욱 가까워질 수 있는 기회를 얻었구나 하는 생각에 기쁘고 즐거워요.

———

희정이 찻잔으로 비유한 '인터뷰이의 말'. 논픽션을 쓰는 작가에게는 핵심 재료일 것이다. 하지만 인터뷰이의 말을 듣고 또 듣는 것이 마냥 즐거운 일이었을까. 기자로서 수많은 인터뷰이의 말을 들어왔다. 기사를 쓰려면 필요했기에 말하는 그들 앞에서 늘 간절한 척 했지만 솔직히 성가실 때도 있었다. 특히 울분에 가득 차 정돈되지 않은 목소리를 들을 때면 '이걸 어떻게, 어디서부터 정리해야 하나' 걱정이 앞서기도 했다.

희정이 십수 년간 들어온 수백, 수천 시간의 노동자의 말들. 누구는 구질구질하다고 누구는 듣기 거북하다고 오랫동안 배척해왔을지 모른다. 스스로를 유리하게 표현할 언어 체계를 갖추지 못한 노동자의 말들은 겉에서 보면 거칠고 난폭하며 비약적으로 느껴질 때가 많기 때문이다.

그렇지만 희정은 노동자의 말이라면 이 빠진 찻잔이라도 기꺼이 두 손으로 받아들고 싶다고 말한다. 그것은 작가로서의 직업정신이라기보다는 인간에 대한 애정이다. 노동자들의 깨진 찻잔을 두 손으로 받아들고 그 안에 담긴 내용물의 온도와 맛을 알아내는 일. 그것이 노동자를 사랑하는 기록노동자 희정이 지금까지 해왔고 앞으로도 해나갈 일일 것이다.

쓰는 사람

역사의 빈 곳을
응시하는 낭만필객

김충식

"곡필은 하늘에 베이고
제대로 직필을 쓰다간 사람에
베일 운명."

김충식

언론인. 1978년《동아일보》에 입사해 30여 년간 정치부, 사회부 등에서
기자로 일했다. 1990년부터 2년 2개월 동안 국가정보기관을 취재한〈남
산의 부장들〉시리즈를 매주 연재했다. 논픽션《남산의 부장들》,《슬픈
열도》등을 썼다. 가천대학교 신문방송학과 교수를 거쳐 같은 대학 대외
부총장으로 재임 중이다.

'쓰는 사람'으로서 기記자가 작作가와 다른 점이 있다면 그건 '쓰는 대상'에 있다. 작가는 상상의 세계를 축조하는 반면 기자는 사실 면면을 보고 듣고 경험해 기록한다. 기자들에겐 종종 '쉽게 쓰라'는 말이 격언처럼 통용된다. 문장의 맵시보단 사실을 중시하기 때문일 것이다. 윤색이나 각색을 더하지 않고 있는 그대로의 사실을 보존하는 것이 기자의 의무일지 모른다.

사실은 기자의 취재를 통해 완성된다. 취재의 난도를 평가하는 기준은 없다. 하지만 직관적으로 안다. 어떤 정보는 쉽게 얻을 수 있고 어떤 정보는 알아내기 어렵다. 민간인은 접근하기 힘든 권력기관 내부에서 일어난 일이라면 어떨까. 그것도 서슬 퍼런 군사독재 시절 음험한 공작 정치가 자행되던 정보기관에서 벌어진 비화 같은 것이라면 말이다.

상술한 기준으로 평가하자면 1990년 10월부터 2년 2개월간《동아일보》에 연재된 〈남산의 부장들〉은 고난도 취재를 바탕으로 쌓아올린 걸작이다. 필자는 기자 김충식. 1978년《동아일보》에 입사해 30여 년간 재직했다. 〈남산의 부장들〉은 금단의 영역이던 남산 중앙정보부(국가안전기획부, 국가정보원의 전신)에서 벌어진 사건을 중심으로 '박정희 18년'을 해부한 논픽션 연재물이다. 주말판 박스기사로 시작된 연재는 독자의 호응에 힘입어 전면 기사로 점차 몸집을 키웠다. 장안의 화제작답게 기사 하단에 별도 광고가 붙을 정도였다. 연재를 바탕으로 출간한 단행본《남산의 부장들》(1992·2012)도 당대의 베스트셀러에 이름을 올렸고, 이를 각색한 동명의 영화(2020)도 그해 국내 박스오피스 1위를 달성했다.

현재 가천대 부총장으로 재직 중인 그는 2022년에 후속작 격으로 '전두환 8년'을 파헤친《5공 남산의 부장들》도 써냈다. 전두환(마지막 중앙정보부장)과 유학성, 노신영, 장세동, 안무혁(이상 국가안전기획부장) 등 5명의 부장을 중심인물로 내세운다.

인터뷰를 위해 녹음기를 켜자 그는 "나는 취재했을 적에 웬만하면 녹음을 하지 않았다"고 말했다. 어불성설로 들렸다. 〈남산의 부장들〉엔 어림잡아 300명이 넘는 실명·익명 취재원이 등장한다.

취재량이 방대한데 녹음을 안 할 수가 있나요?

녹음기를 켜는 순간 상대방은 긴장합니다. 하려던 말이 있어도 입을 다물게 되죠. (녹음을 하지 않으면) 좋은 점도 있습니다. 짧은 시간에 대화 내용을 머릿속으로 정리하고 상황에 맞아 떨어지는 질문을 할 수 있죠. 초인적인 기억력도 갖게 됩니다. 전두환의 처숙부이자 5공 비리의 주역인 이규광을 만난 기록만 원고지 200장이 넘었는데 그걸 단번에 정리했으니까…. 그렇지 않으면 취재가 안 되니 피할 길이 없었어요. 이 또한 훈련이죠.

〈남산의 부장들〉이 연재된 건 노태우 정부(1988-1993) 때다. 신군부 대통령 치하에서 몸을 사리는 분위기는 여전했다. 기사가 나가면 어떤 이는 새롭고 재밌는 비화가 없는지 살피고 다른 이는 소송 걸 게 없는지 따졌다. 그는

"달랑 펜 하나 들고 진검승부를 벌이는 기분"이라고 당시를 회고했다. 기자 경력 12년차, 나이는 서른여섯에 불과했다.

부담이 컸겠습니다.

소송에 걸려도 죽는 것, 재미가 없어서 독자가 끊겨도 죽는 형국이었어요. 그야말로 기호지세騎虎之勢였죠. 호랑이 등에 올라타고 있으니 도중에 내려도 잡아먹히고 계속 타고 가자니 그 또한 괴롭고…. 작가들이 절필하는 심정을 알겠더군요. 이름값은 있고 독자는 있는데 像像이 떠오르지 않는 거죠. 그런데 아무거나 써서 내보내는 건 양심에 어긋나는 일이었어요.

누군가 그를 강제로 호랑이 등에 태운 건 아니다. 스스로 올라탄 것이었다. 신년특집, 창간특집 같은 기획연재 아이디어 회의 때마다 〈남산의 부장들〉을 연재하겠다고 발제했다. 번번이 잘렸다. '그거 말고도 쓸 게 많다'는 이유였지만 언론사는 청와대 눈치를 보지 않을 수 없었다. 그러다 새로 바뀐 김중배 편집국장(이후 한겨레신문사 사장, MBC 사장 역임)이 그의 연재 제안을 받아들였다.

김중배 편집국장이 은인이네요.

어떻게 보면 정신 나간 편집국장이죠. 보통의 편집국장들은 절대 안 된다고 했으니까요. 하지만 기자로서 어떻게 안 쓸 수가 있겠어요. 박정희 18년, 전두환 8년 동안 대한민국 정치의 8할은 남산이 운영했어요. 그런데 아무도 쓰지 않는다는 건 기자 집단으로선 직무유기가 아니냐고 했고 김중배 국장이 지지해줬죠.

당시 그는 국회와 청와대를 출입하는 정치부 기자였다. 정치부는 날마다 터지는 이슈만 취재해도 하루를 꽉 채워 일해야 하는, 노동집약성이 극대화된 부서다. 그런 와중에 그는 오히려 정치부 기자라는 입지를 십분 활용했다. '남산 출신들'의 모임 양지회 소속 국회의원 56명 명단을 수첩에 적어두고 한 명씩 만나기 시작한 것이다. 초대 중앙정보부장이자 당시 국회의원이었던 김종필(JP)도 그 중 한 명이다.

JP의 증언이 다수 나옵니다.

JP와 무시로 바둑을 두었는데, 그러면서 상호 간 신뢰가 쌓였죠. 양지회 소속 국회의원 56명 중 30-40명이 JP와 사이가 나쁘지 않았어요. JP가 남의 뒷배를 잘 봐주는 사람은 아니었어요. 하지만 다른 사람에게 (나를) 인격적으로 괜찮은 사람이라고 소개해주니까 (취재원들이) 자석처럼 따라붙었죠. 'JP가 만나는 사람'으로 통한 겁니다. 어떤 예리한 독자들은 〈남산의 부장들〉에서 JP에 대해선 싫은 소리를 하나도 안 썼다고 해요. 저로서는 아픈 말이죠. 하지만 일부러 좋게 썼다기보다 나쁘게 쓰기엔 JP 정치엔 불가피한 한계가 있었어요.

친소 관계가 취재를 방해할 것을 염려해, 만나지 않은 사람도 있습니까?

장세동(13대 국가안전기획부장)은 가혹하게 쓸 수밖에 없는 입장이어서 일부러 안 만났어요. 만난다고 해도 변명을 쓰게 되니까요. 허화평(전두환 정부 초기 대통령비서실 비서실보좌관. 사실상의 청와대 2인자 역할을 했다)은 다른 일로 만난 적은 있지만《5공 남산의 부장들》을 쓸 땐 안 만났어요. 마찬가지 이유였죠. 김재규(8대 중앙정보부장)와 김형욱(4대 중앙정보부장)은 고인이 되어 만날 수 없었고… 신직수(7대 중앙정보부장)는 만나려고 참 애썼는데 끝내 못 만나겠다고 하더군요. 그런데 신직수에 대해선 본인이 괴로울 만한 이야기도 많이 썼지만 한 번도 항의는 없었어요.

김충식

가장 어렵게 만난 부장은 김계원(5대 중앙정보부장)이었다. 1979년 10월 26일 박정희와 차지철(당시 대통령경호실장)을 총으로 저격한 김재규의 옆자리에 앉았던 인물. 《남산의 부장들》은 김계원을 이렇게 기록하고 있다.

"박정희는 김계원의 '사납지 못한 일처리'를 못마땅해 했다." "박정희는 그래서 김계원을 두고 '야당 사람들한테도 남산골 샌님 소리나 듣는다지?'라고 불평과 질책을 했다고 한다."

권력의 근거리에 있었지만 권력과 온전히 밀착되진 못했던 김계원은 10·26 사건 재판에서 사형을 선고받았다가 무기징역형으로 감형됐고, 1982년 형집행정지로 석방됐다. 1988년 특별사면으로 복권된 이후엔 정계와 거리를 두고 민간인으로 살았다.

그런 김계원을 만나기 위해 거사를 꾸민 건 〈남산의 부장들〉 연재가 중반을 넘어갈 무렵이었다. 1970년대를 쓰기 위해 김계원은 무조건 만나야 하는 부장이었다. 수소문으로 알아낸 전화번호로 6개월간 통화를 시도했지만 연락은 닿지 않았다. 김계원은 온갖 핑계를 대면서 전화를 받지 않았다. 더는 늦출 수 없었다. 그를 만나지 않고는 이후의 이야기를 써낼 수가 없었기 때문이다. 김충식은 아주 고전적인 방법을 쓰기로 한다. 무작정 뻗치기였다. 디데이는

1991년 눈 오는 겨울, 일요일 저녁 10시로 정했다.

왜 하필 일요일 밤 10시였나요?

대부분의 사람들은 일요일 밤 10시엔 집에 있어요. 더군다나 눈이 온다? 외출하지 않고 집에 있을 확률이 큽니다. 처음엔 초인종을 눌러도 인기척이 없었죠. 그런데 왠지 그날은 틀림없이 집에 있을 것 같았어요. 30분 간격으로 초인종을 눌렀죠. 새벽 1시가 됐을까. 또 초인종을 눌렀더니 그제야 문을 열어줍디다. 처음엔 경찰을 부를 거라 하더군요. 그래서 말했어요. "내가 지금 돈을 빌리러 온 것도 아니고 취직 부탁하러 온 것도 아니지 않습니까. 기자로서 몇 가지만 여쭙겠습니다." 결국 집으로 들어오라고 하더니 냉장고에서 맥주 하나 꺼내주더군요. 식탁에 마주 앉아 시작된 대화는 날이 밝아서야 끝이 났습니다.

경계심이 상당했을 텐데 필요한 말을 잘 해주던가요?

남산 이야기만 한 건 아니었어요. 학도병으로 끌려갔던 일제시대 이야기도 나왔어요. 김 부장이 눈물을 글썽이며 한 이야기니, 그에겐 흑역사였던 셈이죠. 하지만 기사에 쓰진 않았어요. 충분히 읽을거리는 되지만 김 부장의 존엄을 생각했죠. 그때 느꼈습니다. 굳게 닫힌 사람도 마음을

김충식

열면 속내까지 나올 수 있다는 것을. 그럴 때 기자의 영역은 확장되고 기자의 입지가 넓어진다는 것도요.

상대가 하고 싶은 말이 아닌 듣고 싶은 말을 들으려면 어떻게 해야 하나요?

공개된 정보라 할지라도 상대방에 대해 많은 걸 알고 있으면 무기가 됩니다. 전두환의 처숙부 이규광을 인터뷰할 때였어요. 이규광이 한국시멘트협회장 지냈을 때 전두환 빽을 써서 고속도로 포장을 시멘트로 한 게 아니냐는 기사가 났었죠. 그 이야기를 꺼내자 무척 억울해하더군요. 억울하면 억울한 대로 사실은 사실대로 들어주었고, 대화의 물꼬가 텄어요. 사람은 자기 해명을 하고 싶은 게 하나쯤은 있거든요. 그 점을 포착해 먼저 물어봐주고 대화를 하다 보면 자연스럽게 원하던 질문도 할 수 있게 되죠. 쉬운 문제부터 푼다고 생각하면 됩니다.

굳게 다문 취재원의 입을 여는 일. 그것의 성공 여부에 따라 기사의 질은 천장과 바닥을 오간다. 세상에 드러나지 않은 새로운 팩트를 담은 기사에는 탄탄한 구성에 미문을 자랑하는 다른 속성의 글이 넘볼 수 없는 힘이 담긴다. 〈남산의 부장들〉은 그것이 쓰인 시대, 그리고 다루는 대상

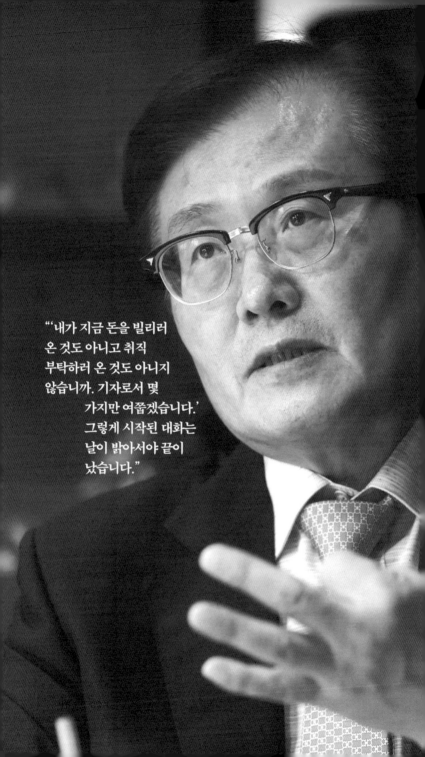

"내가 지금 돈을 빌리러
온 것도 아니고 취직
부탁하러 온 것도 아니지
않습니까. 기자로서 몇
가지만 여쭙겠습니다.'
그렇게 시작된 대화는
날이 밝아서야 끝이
났습니다."

과 내용을 종합해보건대 아무 기자나 쓸 수 없는 반열에 오른 작품이다.

그렇다고 해서 〈남산의 부장들〉이 팩트만으로 독자를 사로잡았다고 말하긴 어렵다. 베일에 싸인 권력자들의 정치 활극을 다뤘기 때문일까. 무협소설을 읽는 느낌을 준다. 한자어가 많이 등장하는 것도 그렇다. 시대적 이유도 있겠지만 미사여구를 자제하면서도 의미를 압축해 전달하려는 의도였을 것이다.

문장이 간결하면서도 시적詩的입니다.

신춘문예에 많이 떨어져본 사람입니다. 시가 좋아서 열심히 썼는데 당선은 한 번도 안 됐어요. 당선 소감도 다 써놨는데 말이죠.(웃음) 대학 땐 젊은 날의 고민을 적은 시를 통해 구원을 받는다는 느낌으로 썼어요. 표현이 미달해서 당선은 못 갔지만, 시어를 조탁彫琢했던 불면의 밤들이 참 많은 도움이 됐어요. 산문을 잘 쓰려면 시를 많이 읽어야 합니다. 언어에 대한 천착이 있어야 울림이 있는 산문을 쓸 수 있어요.

굳이 장르를 따지자면 〈남산의 부장들〉은 논픽션 범주에 듭니다.

기사를 픽션처럼 재미있게 쓰면 논픽션이 됩니다. 예를 들면 기사가 육하원칙을 기록한 글이라고 생각해보세요. '언제, 누가, 어디서'는 불변이죠. 그런데 '무엇을, 어떻게, 왜'는 해석의 각도에 따라 완전 다르게 쓸 수 있어요. '무엇을, 어떻게, 왜'가 한없이 심플하다면 인간의 역사에서 시와 소설이 존재할 공간도 없죠. 가령 정유정 작가의 《완전한 행복》(2021)은 '고유정 살인사건'(2019)에서 '무엇을, 어떻게, 왜'에 집요하게 파고들어 상상해낸 픽션이에요. 기자 역량에 달렸지만 픽션과 같은 소재로 더 위대한 논픽션을 쓸 수 있다고 생각해요. 어디에 천착하느냐에 따라 엄청난 진폭을 만들어낼 수 있어요.

"해가 느리게 지고 달빛이 굴절 없이 비추던 시절엔 밋밋한 현실에 독毒을 부어 소설을 쓰곤 했다. 그런데 지금 세상에는 현실의 독이 너무 지독해서 물을 타지 않으면 소설이 되지 않는다."

그에게 논픽션의 정의定義를 묻자 《국제신문》 기자로 살다 마흔 넘어 소설가로 데뷔한 이병주가 한 말을 소개했다. 이병주의 문장은 가공의 인물로 상상을 쓰지 않아도 실화 그 자체로 드라마가 될 가능성을 짚어준다. 다만 김충식은 "쓰는 사람이 어느 정도의 에너지를 갖고 얼마나 큰

김충식

열정과 노력을 쏟느냐에 따라 작품의 무게는 달라진다"고 덧붙였다.

기자 명함을 쥐고 작가로 살았던 그는 《남산의 부장들》이 아닌 다른 논픽션도 끊임없이 써냈다. 법비法匪가 판치던 5공화국 시절 법을 지키고 바로 세우기 위해 애쓴 법조인 17명을 일화 중심으로 써내려간 《법에 사는 사람들》(1984), 김옥균·역도산·심수관 등 일본 속 '한국 핏줄'의 운명과 삶을 다룬 《슬픈 열도》(2006) 등이 있다.

보수적인 편집국에서 이단아 같은 존재였겠습니다.

위아래 1, 2년 선후배들 사이에서 '김충식 개가 쓰는 건 글도 아니고 뭣도 아니다'라고 씹는 소리가 자자했대요. 전형적인 기사의 틀로 보면 이상한 점이 한두 개가 아니니 그럴 수 있겠지.(웃음) 세상이 변하는 걸 모르고 청학동 사람들처럼 문법에 맞는 것만 써야 한다고 생각하는 거예요. 그래도 그 사람들이 정식으로 문제제기는 못했어요. 내 기사가 팩트가 모자라거나 소송에 걸린다거나 그런 건 아니었으니까. 어쨌든 나는 독자에게 읽히는 글을 써야 한다는 생각이 강했어요.

읽히는 글을 쓰기 위해서는 특별히 어떤 노력이 필요

할까요?

1972년 《조선일보》에 〈별들의 고향〉을 연재한 소설가 최인호가 한 말이에요. "연재물의 한 회 차라도 완결된 꽁트처럼 쓰려고 노력한다." 한 편만 보고 영원히 보지 않을 독자를 위해 완결성 있는 구성을 갖춰야 한다는 거죠. 그 말이 인상 깊었어요.

최인호의 또 다른 말. "매일 아침 식탁에 오르는 신선한 우유 한 잔을 공급한다는 마음으로 쓴다." 기자가 쓰는 글은 새롭고 신선해야 합니다. 신선도를 유지하기 위한 내나름의 기준을 만들었어요. 한 회당 남들이 알지 못하는 비화 네 개 정도는 있어야 한다고요.

읽히기 위한 기사를 쓰기 위한 김충식의 노력은 여러 군데서 드러난다. 10월 유신(1972)에 앞서 중앙정보부 안가에서 비밀리에 유신 공작을 전개한 상황을 서술한 대목을 보자. 남산 사람들은 이 공작을 코드네임 '풍년사업'이라 불렀는데, 그는 이 암호명에서 중앙정보부 궁정동 안가에 있던 감나무를 떠올렸다.

중정의 '풍년사업'을 다룬 기사는 다음 문장으로 시작한다. "서울 궁정동 중앙정보부 안가 뜰엔 감나무가 심어져 있었다. 72년 감나무잎이 필 무렵, 그러니까 5월 중순

김충식

께 이후락 중앙정보부장은 안가에서 판단기획국 부국장 김영광을 불렀다." 기사의 끝맺음은 이렇다. "궁정동 안가의 감나무 열매들이 붉어갈 무렵 작업은 막바지에 접어들었다." 중정 안가에서 자란 감나무 열매라는 팩트를 10월 유신이 임박했음을 알리는 시각적 장치로 삼은 것이다.

〈남산의 부장들〉을 한 권의 책으로 엮을 때도 문학적 구성을 위해 그가 특별히 첨가한 팩트가 있다. 마지막 중앙정보부장이자 11-12대 대통령을 지낸 전두환을 '박정희 시대의 개막'을 알리는 맨 첫 장면에 등장시킨 것이다. 이를 위해《조선일보》출신 조갑제 기자가 발굴한 '이낙선 메모'를 참고했다. 이낙선은 박정희의 심복으로 초대 국세청장을 지낸 인물이다.

이낙선 메모엔 5·16 쿠데타 당시 박정희를 지지하는 육군사관학교 생도의 시가행진을 당시 서울대 문리대 ROTC 교관이던 전두환 대위가 주도했다는 내용이 적혀 있었다. 육사 생도의 시가행진은 절차적 적법성과 정당성을 충족하지 못한 쿠데타가 여론의 지지를 받는 듯한 착시를 일으켰다. 박정희 쿠데타를 혁명으로 승격시키는 데 일조한 전두환은 대권을 이어받았다. 박정희의 처음과 끝에 전두환이 있었던 셈이다.《남산의 부장들》은 이를 절묘하게 배치함으로써 박정희와 전두환의 인연을 역사적 필연처럼 보이게 했다.

박정희 시대의 시작을 전두환으로 설정한 이유는 무엇인가요?

책은 박정희 시대를 다루지만 출간되던 때는 노태우 시대였어요. 박정희 18년과 전두환·노태우가 연결되는 접점이 없는 거예요. 오래전, 동떨어진 이야기처럼 보일까 봐 궁리했죠. '이낙선 메모' 덕분에 1960-1970년대를 다룬 〈남산의 부장들〉과 신군부 시대가 유기적으로 연결될 수 있었어요. 연재할 때부터 전체 설계도를 머릿속에 그리고, 비어 있는 곳을 주목하다 보면 그에 맞는 팩트를 찾아낼 수 있습니다.

설계도가 무엇인가요?

전체 글의 개괄이나 목차라고 생각하면 쉽습니다. 〈남산의 부장들〉 같은 경우 시대의 역사적 특징과 역대 부장들을 두 축으로 두고 사건을 정리했습니다. 사실 설계도는 오래 생각한다고 나오는 게 아니에요. 취재하다 보면 본능적으로 흐름을 파악할 수 있어요. 대신 기사를 쓸 때 서적이나 논문에서 인용하는 쉬운 방식을 택하기보단 자기 취재를 통해 1차 자료를 직접 만들려고 노력해야 합니

김충식

다. 그 안에서 궁리하다 보면 무엇을 물어보고 무엇을 쓸 것인가를 알 수 있어요. 〈남산의 부장들〉은 구상보다도 역사에 대한 추적이 대부분이니까 어떻게 물어야 할 것인가, 누구를 만나서 비어 있는 공간을 채울 것인가가 더 큰 문제였죠.

남산의 무도한 폭력을 고발한 김충식도 사실 '남산의 피해자'였다. 1985년 8월 중국 폭격기의 국내 불시착 관련 정부 발표를 미리 입수해 보도했다는 이유로 남산에 끌려간 것이다. 남북대치 상황에서 중국 관련 이슈에 대해 암묵적으로 존재하는 엠바고를 깼다는 것이 표면상 이유였다. 그는 정치부장, 편집국장과 함께 안기부 지하실로 끌려가 3박 4일간 고문을 당했다. 당시 편집국 기자들이 들고일어나 정권에 항의하는 성명도 냈다. 성명서 대표 집필자는 당시 《동아일보》 기자였던 이낙연(문재인 정부 국무총리)이었다.

무엇을 빌미로 고문하던가요.
남북대치 상황이므로 중국에 대해선 정부 발표 위주로 쓰자는 '포괄적인 암묵적 엠바고'가 있는데, 국방부 발표 전 그 기사를 쓴 것이 보도지침에 어긋난다는 게 남산의 논리였죠. 그런데 지하실에선 중국 문제를 물어보는 게 아니라 과거에 썼던 정부 비판 기사들을 들먹였어요. 본심은 거기에 있었던 거죠.

8월 말이었어요. 땀내가 잔뜩 밴 구두를 입에 물고 있으라고 하더군요. 정보를 알려준 취재원을 말할 때까지. 한나절 넘게 물고 있으니 입에선 침이 줄줄 흐르고…. 인격의 해리를 노린 거죠.

남산에 다녀온 뒤부터 그는 '블랙리스트'에 올랐다. 5공화국 정부는 언론기본법을 근거로 '프레스 카드'(기자 자격증)를 발급하는 제도를 운영했는데 블랙리스트에 오른 기자는 프레스 카드를 받지 못했다. 당시만 해도 프레스 카드를 소지하지 않은 기자는 정부기관을 취재할 수 없었다. 전국 약 3000명 기자 중 프레스 카드가 없는 건 그뿐이었다.

남산과 관련된 개인적 경험이 집필 동기가 됐던 건 아닌가요?

당시 어떤 선배가 '우리가 펜을 들고 있는 한 반드시 써서 복수를 해야 한다'고 말하긴 했어요. 하지만 그게 전부는 아니었어요.

김충식

대학 때 간첩이 아닌 사람들이 창자가 터지도록 얻어맞아 죽는 사건을 봤어요.(1974년 인민혁명당 사건) 문명대국에서 그런 일이 벌어졌단 말이에요. 그들을 신원伸寃하기 위해서라도 누군가는 기록으로 남겨야 하지 않겠어요? 직접 운동을 해서 감옥에 가진 않았지만 정의로운 사람들이 좋은 세상을 만들어보고자 하는 도전에 대해 공감했죠. 하지만 세월이 지나니 그것들도 다 묻히고 건망증처럼 휘발되어 버리는 거죠. 남산 정치의 연장선에서 전두환, 노태우가 집권했는데 이렇게 가도 좋은 걸까. 그게 출발점이었어요.

〈남산의 부장들〉을 연재할 때도 정권의 외압은 있었다. 익명의 협박들은 물론이거니와 구속 위기에 몰리기도 했다. 전두환·노태우가 포함된 육사 11기가 1963년 친위 쿠데타를 시도했다는 증빙인 수사 기록을 최초로 발굴, 폭로했다는 이유였다.

노태우 대통령이 노발대발했다고 들었습니다.

당시 검찰총장을 종로에 있는 사우나에서 만났어요. "너무 아프게 쓰지마. 나도 책임 못 져. 어떤 이는 잡아가자고 했는데 (구속은) 내가 반대했어." 그러더라고요. 생색인지 모르겠지만 그렇게 말했죠.

영욕의 권력자들을 여럿 겪으면서 깨달은 점이 있습니까?

소설가 김훈의 표현 중에 그런 말이 있어요. "인간은 누구나 누추하고 비루하다." 박정희 본인도 빨갱이로 몰려 지하실 바닥에서 전기고문을 당한 이력이 있죠. 역설적이게도 그런 자가 권력을 잡은 뒤엔 엉뚱한 사람들을 빨갱이로 몰아 때려죽였잖아요. 좋고 나쁘고를 떠나서 그게 역사이고 인간의 드라마가 아닐까 난 그렇게 생각해요.

사람은 자기 과거를 합리화하면서 살려는 습관이 있어요. 양심에 어긋나는 일에 대해선 스스로의 기억도 바꿔요. 인간은 자기 안에서 벌어지는 인지부조화를 메우기 위해 죽을 때까지 노력하는 존재일 수 있다는 거예요. 그런 인간일지라도 이해하려는 노력, 드라마에 대한 애정을 품고 있다면 훌륭한 논픽션이 시작될 수 있습니다.

———

"곡필천주曲筆天誅 직필인주直筆人誅: 곡필은 하늘에 베이고 제대로 직필을 쓰다간 사람에 베이는 운명."《남산

김충식

의 부장들》을 끝맺으면서 그가 남긴 말이다. 언론의 자유가 지금처럼 충분히 보장되지 않던 시절 박정희, 전두환 시대를 남산이라는 주제로 엮어낸 기자의 운명을 적확하게 드러내는 문장이다. 역사의 빈 공간을 채우려는 집요한 취재력과 협박과 회유에 굴하지 않은 용기는 그가 누구보다 탁월한 기자였음을 보여준다. '읽히는 글'을 쓰기 위한 불면의 고민들은 작가정신의 발로였다.

독자를
유혹하는
저널리즘

내가 재밌어야 쓰는
기자

박
상
규

"디테일이야말로 독자들을
움직이는 힘이죠. '대통령이
죽었다'는 기사가 아닌 이상
끝까지 잘 안 읽어요."

박상규
저널리즘 논픽션이 '밥벌이'가 될 수 있다는 사실을 몸소 증명하고 있다.
2004년《오마이뉴스》에서 기자 생활을 시작해 2017년 탐사보도 전문매
체《셜록》을 만들었다. 드라마《날아라 개천용》의 원작 논픽션《지연된
정의》를 썼다. 늘 "기사 쓰기를 제대로 배운 적이 없다"고 주장하지만 세
상을 놀라게 하는 특종을 꾸준히 선보이고 있다.

약속 장소가 위치한 건물 1층 유리벽 너머로 박상규 기자가 보였다. 그가 흔드는 손보다 둥그스름한 머리가 먼저 눈에 들어왔다. 그는 기사와 책, 강연 등 여러 곳에서 스스로를 '무모'하다고 소개하곤 한다. 활시위를 당기듯 애써 그의 안경 낀 눈과 까슬까슬한 수염으로 시선을 옮겼다. 똘망똘망하면서도 다부진 인상이다.

　"사무실이 여기예요?" 나란히 엘리베이터를 타고 올라가며 그에게 물었다. 며칠 전 먼저 그에게 이 장소를 제안했더니 돌아온 답변이 "어, 그 건물에 저희 사무실이 있어요. 대부분 모르지만요"였기 때문이다. 알려진 주소지와 다른 곳이었다. 그가 씩 웃으며 답했다.

"아시잖아요. 저희가 그동안 여기저기 들쑤셔놓은 게 좀 많나요? 후배들이 해코지라도 당할까 싶어 일부러 그렇게 해놓은 거죠. 인터뷰 쓰실 때 여기는 드러나면 안 됩니다. 아시죠? 하하하하." 특유의 너스레는 물론 박자를 잘개 쪼개는 하이톤의 웃음소리가 어쩐지 범상치 않았다.

박상규는 별난 이력의 소유자다. 그는 《지연된 정의》(2016)에서 스스로를 "속칭 '지잡대'를 평점 2.55로 졸업해 공장 비정규직 노동자로 일하다 우연히 기자가 된 변방의 외부자"라고 말한다. 다른 곳에선 "청계산 보신탕집 '오작교'의 막내아들로 태어나 별명이 '개 천 마리'다. 성인이 될 때까지 먹고 입고 자라는 데 희생된 개들의 숫자가 족히 1000마리는 된다는 뜻이다" "초등학교 2학년 때 겨우 글을 깨우쳤고 고등학교 내신은 14등급이었다"고 소개하기도 한다.

보신탕집, 개 천 마리, 14등급, 공장 노동자… 단어 하나하나, 호락호락하지 않다. 그의 거침없는 태도가 옆구리로 훅 들어온다. "어이, 거기 얼간이들! 어때, 너희랑은 좀 다르지? 나는 너희가 세워놓은 그런 시답잖은 규칙 같은 건 따르지 않아, 잘 알아두라고!" 대뜸 이렇게 말하는 느낌이랄까.

《지연된 정의》는 외모든 이력이든 평범을 거부하

는 기자 박상규가 《오마이뉴스》를 그만두고 쓴 스토리펀딩 〈재심 프로젝트 3부작〉이 원작 격인 논픽션이다. 그는 사직서에 이렇게 썼다. "서울 사대문 안에는 없는, 있어도 잘 보이지 않는 이야기를 찾아, 사대문 밖으로 나가겠습니다." 그러니까 이 작품은, 박상규가 사대문 바깥에서 찾아낸 첫 번째 이야기인 셈이다.

기자가 언론사 바깥에서, 그것도 기사로 밥벌이를 하기란 낙하산 없이 비행기에서 뛰어내리는 것만큼이나 어려운 일이라지만 '변방의 백수 기자'가 내놓은 첫 기사에 대중은 열광했다. 〈재심 프로젝트 3부작〉 첫 화를 공개하자 하루 만에 7023만 원의 후원금이 쏟아졌고, 93일간의 보도가 끝날 무렵엔 5억6236만 원이 모였다. 후원 건수 1만7897건에 달하는, 스토리펀딩 사상 최고 금액이었다.

박상규와 그가 만든 탐사보도 전문매체 《셜록》은 유료 구독자 '왓슨'의 지지를 등에 업고 언론사가 보도물만으로 얼마든지 생존할 수 있음을 증명하고 있다. 그동안 《셜록》이 선보인 기사 중에는 〈재심 프로젝트 3부작〉 못지않게 흥행한 작품도 여럿 있다. 분명 비결이 있을 것이다. 그에게 어떻게 이런 '팔리는 기사'를 꾸준히 쓸 수 있는지 물었다.

《셜록》의 기사는 보통 신문에서 만나는 기사들과 느낌이 조금 다릅니다. 1인칭 르포르타주 방식을 주로 쓰는 것 같습니다.

맞습니다. 무슨 일보, 무슨 무슨 신문같이 번듯한 회사였으면 절대 쓰지 못할 방식이죠. 그냥 저는 저 쓰고 싶은 대로 써요. 글 쓰는 분들은 알겠지만 인칭 정하기가 진짜 어려워요. 사실 《오마이뉴스》에 있을 때 저의 한계가 바로 그거였어요. 정치부에 있었는데 그때도 자꾸 '나'로 시작하는 기사들을 썼나 봐요. 보통의 정치 기사들이 최대한 '나'를 지우려 드는 것과 달랐던 거죠. 그때 정치부장 선배가 노보에 저를 이렇게 소개하더군요. "나로 시작하지 않으면 좀처럼 글을 쓰지 못하는 놈"이라고요. 하하하하. 그 정도로 모든 글에서 '나'를 드러내길 좋아해요.

만약 제 기사에서 이질감을 느낀다면 아마도 그건 제가 따로 기자 교육을 받지 않았기 때문일 거예요. 저는 제 스타일대로, 제가 재밌는 방식으로 취재하고 기사를 쓰죠. '기사는 원래 이런 거야'라는 관념이 저에겐 없어요. 다만 요즘 고민이 드는 게, 나이를 먹어서 그런지 몰라도 자꾸 타인의 시각으로 나를 바라보려는 습관이 들더라고요. 글

박상규

쓰다 문득 남들이 어떻게 생각할까, 어떻게 볼까, 자꾸 생각하게 되더라고요. 그럴 때마다 '남 생각 말고 내가 재밌게 쓰자'고 오히려 스스로를 다잡아요.

《지연된 정의》를 비롯해 그의 기사에서 눈에 띄는 점은 본인이 이야기 전면에 나선다는 것이다. 사실상 주인공으로서 극을 이끌어 가는데, 보통의 기자들이 '나'를 최대한 감추고 숨으려는 것과는 사뭇 다른 행보다. 사건 당사자와의 거리 조절을 기자의 자질, 혹은 객관성의 담보물쯤 여기는 기성 언론계에선 보기 힘든 풍경이다.

그래서인지 몰라도 확실히 《셜록》의 기사는 기존의 언론 기사들과 비교해 '읽는 맛'이 다르다. '단짠'의 조화가 기막힌 감자칩처럼, '아껴 먹어야지' 하는 다짐이 금세 부질없다. 1화를 읽으면 2화가, 2화를 읽으면 다시 3화에 손이 간다. 소문난 맛집이 으레 그렇듯 대단한 비법이 있는 것은 아니다. 취재에 관한 박상규의 전략은 단순했다. 헷갈릴수록 '나'에 집중한다. 울타리 바깥 심각하고 진지한 문제들은 개의치 않는다. 내면에 솟구치는 호기심이 훨씬 중요하다.

그래서 다른 사람들처럼 강 건너가 아니라, 헤엄쳐 피사체 코앞까지 가서야 비로소 렌즈를 들이민다. 다 본인이 궁금해서다. 그렇다고 자기만족적 글쓰기는 아니다. 그는 이렇게 써야 독자들이 반응하리라 믿는다. 기자들이 습관처럼 쓰는, 어설픈 취재를 감추려는, 이를테면 '알려졌다' '전해졌다' 같은 방어적 표현은 "절대" 쓰지 않는다. 일단 본인부터 그런 기사를 읽고 싶지 않아서다.

'알려졌다' 같은 표현 없이 기사를 쓰려면 취재가 너무 힘들어지지 않나요?

그렇죠. 하지만 애매모호하게 쓰면 읽히지 않아요. 그렇게 쓰면 제가 읽어도 재미가 없거든요. 저는 제 기사가 재밌으면 좋겠어요. 후배들한테도 강조해요. '팩트 뒤에 숨지 말라'고. 모호하게 쓰지 말고 이 사람이 이랬다, 저랬다, 단정하라고. 그렇게 쓰려면 한 발 더 깊이, 확실하게 취재하는 수밖에 없어요.

그래서 어려워요. 아시겠지만 취재란 게 늘 성공하진 않잖아요. 다행히 저희는 시간이 있어요. 저희가 취재하려는 게 일반적이고 평범한 사건들은 아니잖아요. 당사자들이 취재를 거부하고 반감을 갖고 경계하는 것, 당연한 거예요. 사람 심리가 그래요. 그래서 이번에 안 되면 다음 주, 그래도 안 되면 몇 달 뒤, 이렇게 꾸준히 시도하는 거죠. 기다릴 수 있는 시간이 비교적 많다는 게 다른 매체와 다른 점이죠.

혹시 취재를 거부하는 취재원을 설득하는 노하우가 따로 있을까요?

설득은 '마음을 보여주는 것'이라고 생각해요. '나 나쁜 사람 아니에요' 하고 말이죠. 처음엔 절대 취재가 안 될 것처럼 보이는 취재원도 시간을 두고 길게 이야기하다 보면 점점 마음을 열더라고요. 사람이란 게 그런 거 같아요. 얘기해서 안 되면 편지도 보내보고, 전화도 해보고 그러는 거죠.

어떨 때는 '인터넷에 내 이름 검색해보시라'고 해요. 그 정도 자신감은 있거든요. 하하하하. 나 나쁜 기사 안 쓴다, 나 이런 기사 썼던 사람이다, 보여주는 거죠. 크게 흥행했던 기사 링크를 보내주기도 해요. 이런 성과를 냈다는 믿음을 주는 거예요. 사실 《셜록》이라고 하면 잘 모르거든요. 하하하하.

후배들한테는 취재원 만날 때 빈손으로 가지 말라고 해요. 맨입으로 가지 말라고. 어디 잠깐 들러서 음료수라도 꼭 하나 사서 가라고요. 길게 보는 거예요. 우리는 탐사보도만 하니까 남들처럼 빨리빨리 안 해도 되잖아요. 조급해하지 않고 계속 관계를 쌓아가는 거죠.

그의 취재 방식과 호흡의 깊이는 기성 언론의 그것과는 확실히 달라 보였다. 다르다는 것은 때로 틀렸다는 오명을 뒤집어쓰기도 한다. 기존 질서에 아랑곳하지 않는 그와 《셜록》에 대한 업계 평가는 응원과 냉소로 엇갈린다. 하지만 아무짝에도 쓸데없는 기자들의 호불호와는 별개로 독자들의 반응은 늘 활활 타올랐다. 대중의 열광은 엉덩이가 무거운 언론사들의 옆구리를 쿡쿡 찌르기 마련이다. 아무리 《셜록》을 낮잡아도 그들이 키운 이슈를 따라갈 수밖에 없게 되는 것이다. 박상규가 쓴 기사는 이처럼 '톱-다운'이 아니라 '바텀-업'으로 재생산되는 경우가 많았다.

재심 사건에 대한 독자들 반응이 뜨거웠습니다. 양진호 갑질 폭행 사건*이나 동물권 단체 '케어'의 유기 동물 집단 안락사 사건**, 강도영 간병살인 사건*** 등도

---

*   웹하드 업체 '위디스크' 대표 양진호가 부하 직원들을 무차별 폭행하고 각종 범죄와 엽기적인 행각을 일삼은 사건. 《셜록》의 〈몰카 제국의 황제〉 보도 이후 양진호는 갑질 행각으로 징역 5년형, 배임으로 2년형이 최종 확정됐으며 음란물 대량 유포 혐의로도 1심에서 5년형을 선고받았다.

**   유기동물 구조로 유명한 동물권 단체 '케어'가 구조한 동물들을 몰래 집단 안락사시켜 논란이 된 사건. 안락사를 주도한 박소연 전 대표는 동물보호법 위반 등 혐의로 1심에서 징역 2년형을 선

내놓는 족족 화제가 되었습니다. 이쯤 되면 언론계에서 말하는 전형적 '특종 기자' 아닌가요.

모르겠습니다. 제 생각에 저는 사람들이 말하는 그런 특종 기자는 아닌 것 같아요. 반드시 특종을 써야겠다, 이런 생각을 한 적도 없습니다. 그냥 제가 재밌는 걸 쓰는 거예요. 기성 언론에서는 판결이 나면 딱 거기까지죠. 그런데 그 이후 당사자들이 겪는 삶이 궁금하고, 주변인들이 지금 뭐하고 사는지가 궁금하고, 그래서 취재하는 거죠. 그리고 사람들이 잘 몰라서 그러는데 사실 제가 발제하고 취재했던 것 중에서 가끔 흥행하는 게 있어서 그렇지 대부분은 흥행을 못해요. 하하하하.

그동안 다룬 주제가 분야별로 정말 다양합니다. 취재 아이템은 어떻게 발굴하나요?

글쎄요, 제가 어떻게 아이템을 찾고 발굴하는지 저도 정말 잘 모르겠어요. 재미? 요즘 제가 중소기업 비리 관련

고반았다.

***　대구에서 20대 아들이 생활고 끝에 뇌졸중으로 쓰러진 아버지를 돌보지 않아 숨지게 한 사건.《셜록》의 기사 〈누가 아버지를 죽였나〉를 통해 피의자의 어려운 가정 형편 등이 알려지면서 간병빈곤 문제가 사회적 의제로 떠올랐다.

제보자를 만나는데, 그분이 그렇게 말하더라고요. '기자님이 말씀하시다가 눈이 빤짝빤짝하는 부분이 있다'는 거예요. 가끔 그런 얘기를 듣는데, 제가 '빤짝빤짝' 하는 부분은 딱 하나 같아요. 독자들이 좋아하겠다 싶은 것, 기존에 없는 이야기이고 한 줄 써넣으면 재밌겠다 싶은 것. 저의 방식이 늘 통하는 건 아니겠지만 읽는 사람 입장을 최우선으로 생각하는 것 같아요. 쓰는 사람, 기자 입장이 아니라.

말씀하신 '재미'라는 게 이해가 갈 듯하면서도 잘 모르겠습니다.

언뜻 봐서는 잘 안 보이는 것들, 구체적인 디테일들이 읽는 재미를 만드는 것 같아요. 일종의 팁이라면 저는 신문 같은 기존 매체에서 아이템을 많이 찾아요. 쭉 보다가 '오, 이거 재밌겠다, 더 알아보자' 이런 식이죠. 알려진 사건에서 한두 발 더 나가는 거예요. 그런 것들이 운 좋게 흥행하는 것 같아요. 강도영 사건도 그렇고. 강도영은 아버지가 뇌출혈로 쓰러지자 돌보기를 포기해 사망케 한 20대 남성인데, 대구지법에서 징역 4년형을 받았어요. 이 판결 기사를 제가 《조선일보》 온라인판에서 우연히 본 거죠.

기사를 읽으면서 궁금해지더라고요. '왜 죽였지?' '22세 아들은 어떻게 살았길래 저런 선택을 했지?' 그 청년이

"내면의 '똑같아지려는
욕망'을 꺾어놓으려
해요. 문장 하나를
쓰더라도 식상하지 않게,
다르게 쓰자고."

사진 이희훈

어디에서 어떻게 살았는지, 공공기관은 왜 돕지 않았는지, 가난의 정도는 어땠는지 모든 게 궁금했죠. 근데 기사가 더 안 나오는 거예요. 으레 그렇듯 다들 법원에서 준 판결문만 보고 기사를 쓴 거였죠. 직접 대구로 내려갔습니다.《조선일보》기사가 나온 게 8월쯤이었는데 3개월 더 취재하고 11월에 〈누가 아버지를 죽였나〉 시리즈를 내보냈어요. 이 사건에서 저랑 비슷한 의문을 떠올린 독자라면 재밌게 읽었을 거예요.

'한 발 더'는 박상규의 공공연한 영업비밀이다. 그는 기존 언론이라면 "다 나온 얘기"라며 거들떠보지도 않는 사건에 주목해 당사자들의 삶을 채굴한다. 독자들이 그토록 열광한 〈재심 3부작〉 시리즈 역시 갑자기 툭 튀어나온 이야기가 아니다. 십수 년간 내로라하는 기자들이 살살이 털었고, SBS《그것이 알고 싶다》 같은 굵직한 방송 손길도 여러 차례 거친 아이템이다.

다른 점은 박상규는 거기서 '한 발 더' 들어갔다는 것이다.《지연된 정의》에는 '삼례 3인조'* 중 하나인 강인구

* 1999년 2월 6일 일어난 '삼례나라슈퍼 강도치사 사건' 당시 금품을 훔치고 주인 할머니를 살해한 범인으로 억울하게 몰린 강인

가 교도소 수감 중 '진범 3인조'와 함께 취조받는 장면이 나온다. 겁에 질려 "우리가 범인"이라는 강인구를 보며 진범은 소리 내 펑펑 울기 시작한다. 강인구는 당시를 이렇게 떠올린다. "세상에서… 나를 위해… 울어준 사람은… 그 사람뿐이었어요. 그 진범…." 예상 밖의 이런 반응은, 기존 기사에서 '지적장애를 가진 피해자'로 납작하게 눌려 있던 강인구를 한 단어로 설명할 수 없는 복잡미묘한 인격체로 바라보게 만든다.

그런데 그런 기사들은 다른 기자도 다 같이 보는 거 아닌가요?

그 지점이 제가 남들과 다른 것 같아요. 동료 기자들을 보면서 느꼈어요. 자기 세계 안에서 사람들은 비슷하게 생각하려고 해요. '똑같아지려는 욕망'이 있다는 거예요. 정치부 기자 시절 매일 아침 기자실에서 신문을 볼 때마다 느낀 거예요. 다 똑같았어요. 그렇게 열심히 신문을 보는 기자들이 다 '어떤 새로운 기사를 써야지'가 아니라, '어떤 기사를 놓쳤나' '뭘 물먹었나'만 보는 거예요. '쟤가 이거

구·임명선·최대열 씨를 말한다. 3~6년의 옥살이를 한 이들은 재심 끝에 2016년 누명을 벗었다.

썼으면 나도 이거 써야지' 하는 사고방식이죠. 기자들을 가만 보면 평균이 되려는 욕망이 있는 거 같아요. 튀지 않으려는 거 있죠?

어떤 출입처든 우리나라 언론사 대부분이 이래요. '쟤는 이거 썼는데 너는 왜 이거 썼어?' 이렇게 갈구지, '너, 왜 쟤랑 똑같이 썼어?' 이렇게 갈구지 않거든요. 다른 데서 했으면 우리도 해야 된다. 딱 이거예요. 저는 남들이 뭘 썼는지보다 거기 나오지 않는 내용들, 사건의 이면이 항상 궁금해요. 이 사람은 왜 저랬을까, 저 사람은 왜 저랬을까 하고요.

《셜록》 동료들이 꽤 늘어난 것으로 알고 있습니다. 기자들에게 주로 어떤 것들을 강조하나요?

'네가 설명하려 들지 말고, 장면을 포착해서 독자들에게 보여주라'고 말해요. 《셜록》에 입사하면 가장 먼저 해외 르포르타주 작품들을 읽게 해요. '이거 봐라, 같은 사건을 외국에서는 이렇게 깊이 취재해 이렇게 두꺼운 책 한 권을 만들지 않느냐'는 거죠. 다른 얘기지만 저도 처음부터 논픽션에 관심이 있던 건 아니에요. 어느 날 개인적으로 아는 출판사 사장님이 저한테 그러시는 거예요. "상규 씨는 르포나 논픽션 읽어보면 좋을 것 같다"고. 그렇게 몇 권 읽

박상규

었는데 '아, 서양 애들은 이렇게 쓰는구나' 하고 깨닫게 된 거예요. 운이 좋았죠.

사실 저희가 남들처럼 출입처를 굴릴 수 있는 시스템 이 아니잖아요. 남들과 다른 방식으로 접근해야죠. 후배들 내면의 '똑같아지려는 욕망'을 꺾어놓으려 해요. 문장 하나를 쓰더라도 식상하지 않게, 다르게 쓰자고.

물론 이게 맞는지는 솔직히 저도 잘 모르겠어요. 가끔 '현타'가 오거든요. 저는 40대 후반, 이들은 20대 중후반이잖아요. 아무래도 세월의 격차가 크다 보니 내가 자신만만하게 추천한 책이 이들에겐 신선하지 않을 수 있구나, 재미없을 수도 있겠구나 하는 생각도 들어요. 숙제로 내준 서평 써온 걸 보면 알 수 있어요. 그래서 교육을 아예 맡지 않아야겠다는 생각도 하고 있습니다. 이거 해라 지시하는 것보다 내가 직접 현장을 가고 좋은 기사를 써서 인사이트를 주는 쪽이 낫지 않겠나, 하고 말이에요. 이런 생각이 드는 거 보면 나도 이제 늙었구나 싶네요. 하하하하.

인터뷰 내내 그는 겸손했다. 잊을 만하면 뒷통수를 긁적이며 "기사 쓰는 법을 잘 모른다"고 너스레를 떨었다. '기자 교육을 제대로 받지 못했기 때문'이란 게 이유. 하지만 20년 가까이 현장을 누빈 베테랑 기자가, 기사 쓰기를 모를 수 있을까?

　아마 수습기자 박상규에게 '다르게 쓰기'는 불가항력이었을 것이다. 어떤 불순하거나 대담한 의도가 있었던 게 아니었을 것이다. 지나온 삶이, 궤적이, 제멋대로 손가락을 움직인 것뿐이다. 하지만 지금은 다르다. 박상규는 취재든 사업이든 수완이 뛰어난 인물로 정평이 나 있다.

　그래서 그의 겸손은 전략 같기도 했다. '브랜드'의 핵심은 결국 차별화에 있다. 중요한 건 남들과 내가 어떤 면에서 다른지, 그래서 무엇이 더 나은지 상대방에게 각인시키는 것이다. '기사 교육을 받은 적 없다'는 그의 이력은 이제 기성 언론과 《셜록》을 구분 짓는 전략적 자산이, 그와 《셜록》의 저널리즘을 한마디로 설명하는 자기소개처럼 보이기도 한다.

　그래서 그의 "잘 모르겠다"는 말이 꼭 "남들이 어떻게 쓰든 나는 그냥 내가 쓰고 싶은 대로 쓰겠다"는 다짐처럼 들리는 것일 테다. 아마 '기자'로서 명성이 높아지면 높아질수록 그는 더 '기사에 대한 무지無知'를 강조할 것이다. 그에게 기사에 대한 철학을 물었다.

혹시 최근에 눈여겨본 기사가 있나요?
음… 이건 제 문제일 수 있는데, 저는 다른 분들이 쓴 기사를 군이 챙겨보진 않아요. 저와 《셜록》 공동창업자가 입을 모아 강조하는 게 "'기사'처럼 쓰지 마라, 재미없다" 거든요. 재미는 설명이 아니라 디테일에서 나와요. 예컨대 저희가 요즘 취재하고 있는 간병살인 이야기가 솔직히 그렇게 재밌지 않거든요. 존속살인을 한 강도영은 설득이 돼 입을 열었지만, 장애 자녀를 살해한 부모는 끝끝내 설득이 안 되더라고요. 내밀한 속마음을 확인하지 못한 채 주변부 취재만 하다 보니 아무래도 스토리의 힘이 떨어지고 파급력이 별로 없어요.

그런데 기존 언론에서는 종이 신문에 맞춰서 그런지 몰라도 사건의 뼈대만 남고 매력적인 디테일들을 오히려 다 쳐내죠. '이 사람이 칼로 죽였어요'에서 끝나는 게 아니라, 그다음에 어떻게 됐을까가 더 궁금하지 않나요? 피가 '콸콸' 흘렀나, '찔끔찔끔' 흘렀나. 세상에 기사가 얼마나 많이 쏟아집니까. 독자들한테 읽히려면 첫 문장을 읽게 만드는 게 우선이고 계속해서 다음 문장으로 독자를 끌고 가야 해요. 디테일이야말로 독자들을 움직이는 힘이죠. '대통령이 죽었다'는 기사가 아닌 이상 사람들은 끝까지 잘 안 읽어요.

독자들을 끌고 가는 본인만의 비법이나 기사 철학이

있는지 궁금합니다.

저는 후배들한테 이렇게 말해요. "기사를 머릿속으로 쓰면서 취재하라"고요. 취재로 모은 팩트들을 쭉 펼쳐놓은 다음 기사 쓰기를 시작하는 게 아니라, 기사 쓰기와 취재를 동시에 하라는 거죠. 그래야 디테일이 나와요. 기자들은 '설득-설득-설득'으로 쓰려고 하는데, 글은 결국 '장면-장면-장면'이거든요. 독자는 장면이 이어져야 계속해서 읽어요. 그리고 장면을 취재하려면 아무래도 취재 과정에서 더 많은 것들을 물어볼 수밖에 없죠. "설명은 다른 기자들이 해줄 테니 디테일을 찾으라"고 해요.

소설도 많이 참고해요. 문장을 많이 봐요. 뭐랄까, 소설가의 문장은 독자를 장면으로 확 빨아들이는 힘이 있달까요? 부엌에서 글을 시작하면 부엌으로, 산에서 시작하면 산으로 독자들을 끌어당기죠. 간혹 언어를 뛰어넘는 소름 돋고 뭉클한 문장들이 있는데, 그런 것들은 따로 메모했다가 종종 써먹어요.

지금 기억나는 문장이나 그런 방식으로 쓴 구체적인 사례가 있을까요?

가령 트루먼 카포티Truman Capote가 쓴《인 콜드 블러드》(1965) 첫 페이지에 "홀컴은 '구석'이라고 불리는 외딴 지역이다"라는 문장이 나와요. 별거 아닌데 저는 이 문장이 되게 좋았거든요. 그런데 '구례 강간살인 사건' 취재할 때 그쪽 토박이들이 딱 '구석에 있는 동네' 이렇게 얘기하더라고요. 그래서 기사에 "…구례는 지금도 종종 '저쪽 구석에 있는 동네'라고 불린다"고 썼죠.

이것도 생각나네요. 알베르 카뮈의 자전적 소설 《최초의 인간》(1994)을 보면 "비극이 우리집을 향해 전속력으로 달려왔다"는 표현이 있어요. 카뮈 엄마가 문맹이었어요. 아버지가 2차 세계대전에 나섰다가 사망하는데, 전사자 통지를 편지로 보내준 거예요. 엄마는 글을 읽지 못하는데 편지가 집으로 계속 날아오는 모습을 그렇게 표현한 거죠. 나중에 '익산 택시기사 살인사건' 기사에 이렇게 써먹었어요. "택시는 약촌오거리를 향해 천천히 달렸고, 비극은 전속력으로 다가왔다." 이런 게 제 기사에는 엄청 많아요. 저 나름의 벤치마킹인거죠. 하하하하.

"너 지금 소설 쓰냐?" "소설 쓰고 앉았네" 사실 이런 말은 기자들끼리 서로를 깔아뭉갤 때나 쓰는 표현이다. 오랜 전통 같은 것이다. 그런데도 아무렇지 않게 "소설처럼 쓰시라"는 그의 조언은, 그가 가진 언론관을 단적으로 보여준다. 물론 진짜 소설을 쓰라는 말이 아니다. 그만큼 캐릭터와 장면, 문장에 대해 고민하라는 얘기다. "독자가 자신이 쓴 기사를 끝까지 읽게 만드는 것이야말로 저널리스트가 고민해야 할 전부"라는 게 '무근본 기자' 박상규가 진흙밭을 뒹굴며 얻은 깨달음이다.

혹시 문장이 좋다고 생각하는 논픽션이나 추천할 만한 책이 있을까요?

가장 충격적으로 읽은 건 《내 심장을 향해 쏴라》(1994)예요. 주변 동료들한테 가장 많이 선물한 책이기도 하죠. 두 명의 무고한 시민을 죽이고 자신을 사형에 처하라고 요구한 미국의 사형수 게리 길모어의 동생이 쓴 얘기인데, 의외로 서정적이고 문학적이에요. 문장이 되게 좋아요. 《파리와 런던의 따라지 인생》(1933), 《카탈로니아 찬가》(1938) 같은 조지 오웰 작품도 훌륭하죠. 저한테 영향을 많이 준 작품들이에요.

오웰은 《나는 왜 쓰는가》(1946)에서 작가가 글을 쓰는 동기를 크게 네 가지로 나누었다. 그 기준에 따르자면 박상규의 글쓰기는 '역사적 충동'이나 '정치적 목적'보다

는 '순전한 이기심'과 '미학적 열정'에서 출발하는 것처럼 보였다. 기성 언론들과는 정반대인 셈이다. 어쩌면 그와 《셜록》이 우울한 예언만 가득한 언론판에서 끝내 살아남은 이유가 여기에 있을지 모른다.

인터뷰가 마무리될 즈음, 그가 조금 진지한 투로 말을 꺼냈다. "어휴, 언론계에서 무시받는 게 어찌나 서러운지. 앞으로 《셜록》의 몸집을 불려갈 계획입니다."

경력 기자도 더 뽑고 전문 경영인도 뽑겠다고, 그리고 자신은 뒤로 물러나 취재에만 전념하겠다고 했다. 말하자면 '선수' 박상규의 복귀 선언인 셈이다. 어느 정도 진심인지는 모르겠으나 그렇게 말하는 그의 눈빛은 '빤짝빤짝' 빛났다. 《셜록》의 행보를 응원하는 나 같은 독자 입장에선 두 팔 벌려 환영할 일이다. '주류 언론'을 향한 그의 시선이 부디 '똑같아지려는 욕망'에서 비롯된 것만 아니길 바랄 따름이다.

달을 그리는
두 가지
방법

팩트의 인터프리터

김
동
진

"팩트는 암기 대상이 아니에요.
 사람들은 자연과학적 사실마저도
 스토리 형태로 받아들이죠."

김동진
논픽션과 픽션을 오가며 역사 속 인물을 재조명하는 저널리스트. 영화
《밀정》의 원작 격 논픽션《1923 경성을 뒤흔든 사람들》과 역사소설《임
진무쌍 황진》,《전기수 설낭》등을 썼다.《세계일보》에서 20년간 사회부
와 정치부, 탐사팀, 도쿄특파원을 거쳤다. 지금은 IPO 전문 보도매체《더
스탁》대표를 맡고 있다.

논픽션은 적敵이 많다. 세상이 각박해졌기 때문만은 아니다. 논픽션에는 항상 '당신이 여기 이렇게 쓴 게 진짜 사실 맞느냐' '이때 이 사람들이 정말 이렇게 얘기했느냐'는 의심의 눈초리가 따라다닌다. 물론 근거 없는 의심은 아니다. 가령 "지미는 올해 여덟 살이고, 3대를 이어 헤로인에 중독됐다"로 시작하는 재닛 쿡Janet Cooke의 르포르타주 〈지미의 세계〉(1980)는 나오자마자 미국 사회를 뒤흔들고 이듬해 퓰리처상까지 수상했지만, 지미와 지미의 엄마, 지미의 외할머니 모두 쿡이 지어낸 가공의 인물로 드러났다.

이런 일이 또 나오지 말란 법이 어디 있느냐는 것, 일리 있는 얘기다. 하지만 이런 싸늘한 시선은 교도소 담장

위 감시관마냥 논픽션 작가를 짓누른다. 매일 가상의 적을 상상하며 노트북을 두들기는 기자들이 논픽션 쓰기에 선뜻 도전하지 못하는 이유가 여기에 있다. 기자들은 안다. 기사에서처럼 남의 입을 빌려 '전해졌다' '알려졌다' 쓰는 건 안전하다. 반면 논픽션처럼 타인의 삶을 단정하는 일에는 늘 위험이 도사린다.

하물며 '역사 논픽션'은 어떨까. 장르부터 생소하다. '역사'라는 건 본질적으로 지나가고, 사라지고, 떠나간 것들이 주인공이 되는 이야기. 당사자들의 목소리를 듣는다는 건 애초 불가능하다. 그런데 허구가 아닌 진실이라고? '논픽션non-fiction'이라고? 언뜻 봐도 상대해야 할 적이 한둘이 아니다.

"그렇다면 거꾸로 물어볼게요, 한 사람의 인생을 완벽하게 복원하는 게 정말 가능할까요? 저는 불가능한 일이라고 봐요."

김동진은 이런 의구심 섞인 시선을 향해 '그렇다면 논픽션이란 무엇이냐'고 되묻는다. 그는 역사 논픽션을 쓰는 저널리스트다. 2010년 의열단 폭탄 투쟁을 둘러싼 이야기를 그린 《1923 경성을 뒤흔든 사람들》(이하 《1923 경성》)을 썼다. 이 제목이 낯선 독자라도 이 작품에서 길어올린 영화,《밀정》(2016)은 들어봤을 것이다. 1923년 중국에서 조선으로 대량의 폭탄을 반입하려 한 의열단 스토리를 모티프로 송강호가 조선인 이중스파이 황옥을, 공유가 독립운동가 김시현을 연기했다.

2023년 삼일절 언저리, 서울 외곽의 한 카페에서 김동진을 만났다. 솔직히 고백하자면 지하철을 타고 인터뷰 장소로 가는 동안 머릿속은 온통 이런 질문들로 가득했다. '작품에 담긴 영화 같은 장면들, 모두 사실인가요?' 그의 작품을 깎아내리려는 심보가 아니다. 어떻게 그런 게 가능한지, 논픽션을 쓰려는 사람으로서의 순수한 궁금증이었다.

비슷한 질문들이 우르르 몰려왔다. '당시를 기억하는 생존자가 별로 없었을 텐데 어떻게 취재가 가능했나요?' '논픽션 작가가 주인공 내면의 소리까지 쓰는 게 맞는 걸까요?' '그러니까 이 작품을, 논픽션이라고 부를 수 있나요?' 듣기에 따라 굉장히 공세적으로 받아들일 법한 질문들. 하지만 무언가 건질지도 모른다는 묘한 기대감이 기름을 부었다. 다시 말해 이날 나는, 인터뷰를 가장해 '논픽션의 적'이 되고자 했다.

한 가지 짚고 넘어갈 점은 영화 《밀정》이 《1923 경성》을 기반으로 만들어진 건 맞지만, 구성이나 내용에 있어 차이가 크다는 것이다. 책은 '종로경찰서 폭탄 투척의거'의 주인공으로 알려진 김상옥 의사를 비중 있게 다루는 반면, 영화는 이 사건을 오프닝에서 잠깐 비춘 뒤 곧바로 책 후반부 주인공인 황옥 이야기로 넘어간다.《1923 경성》 전반부 주인공인 김상옥은 서슬 퍼런 일제강점기, 혈혈단신으로 일본 경찰 1000여 명과 도심 총격전을 벌이다 장렬히 산화한 인물이다.

김상옥이란 캐릭터가 조금은 낯설게 느껴집니다. 어떤 계기로 취재를 하게 되었나요?

사실 김상옥에 대해선 저도 잘 몰랐습니다. 취재 덕분에 알게 된 인물이었어요. 2006년《세계일보》에서 캡(경찰팀장)을 할 때 후배들과 8·15 특집 보도를 한 적이 있어요. 서울 시내 항일독립운동 유적지의 관리 실태를 점검하는 기사였죠. 엉망이었습니다. 지자체는 소홀했고, 시민들은 무관심했습니다. 기념 표석들이 엉뚱한 곳에 세워져 있거나 쓰레기에 파묻혀 있었죠.

김상옥 표석도 마찬가지였어요. 김상옥이 폭탄을 던진 곳은 지금으로 따지면 서울YMCA와 밀레니엄타워 사이에 있는 장안빌딩 자리인데, 종로2가 SC제일은행 본점 옆 화단에 세워져 있었습니다. 엉뚱한 장소죠. 삼판통(지금

김동진

의 후암동) 격전지에는 아무런 흔적도 남아 있지 않았어요. 후손들이 많이 답답해했어요. 백발이 성성한 노인분들이었죠. 이때 이분들을 알게 된 거예요.

이 기사가 나오기 전까지 김상옥은 그리 알려진 인물이 아니었다. 언론은 물론 학계에서도 주목받지 못했다. 그에 반해 그가 남긴 업적은 실로 어마어마한 것이었다. '경성 한복판에서' '11일간' '일본 경찰 1000여 명'과 사실상 '1인 전쟁'을 벌였다. 과장 아니냐고? 아니다. 모두 실제 있었던 사실이다. 당시 언론 보도를 보면 김상옥은 죽기 전 두 차례 총격전을 벌이는데, 첫 번째인 삼판통 전투에서 야심한 새벽 은거지를 급습한 21명의 경찰과 맞서 기어코 포위망을 뚫고 자취를 감춘다. '종로 경찰서의 호랑이'로 불리던 다무라 조시치 형사부장을 사살하고 나서다. 당시 상황을《동아일보》는 이렇게 전했다.

"즉시 각 경찰서 정복 순사 1000여 명을 풀어 그가 도망한 남산을 나는 새도 빠지지 못하게 에워싸고 눈 쌓인 남산 전부를 수색하고 일변 수백 명 경관은 왕십리 일대와 광희정 일대를 수색하며 기마 순사가 총검을 번쩍이며 삼판통 일대를 경계하니 실로 금시에 경성 시내 일대는 전시 상태와 같았다."

책을 보면 일본 경찰과 김상옥 사이에 벌어지는 추격전이 아주 박진감 넘칩니다.

언뜻 무협지처럼 보이죠. 김상옥이 숨질 때까지 방아쇠를 놓지 않았다는 건 기록에 나오는 이야기예요.《동아일보》는 호외에서 "육혈포에 건 손가락을 쥐고 펴지 아니하고 숨이 넘어가면서도 손가락으로 쏘는 시늉을 했다"고 전합니다. 생각해보세요. 일본 정부가 언론을 완벽하게 통제하던 시절입니다. 그런데도 이렇게까지 쓸 수 있다는 건 그의 활약이 그만큼 어마어마했다는 거예요.

하지만 딱 거기까지였다. 특집 기사를 내보낸 뒤 그에게 '김상옥'이란 이름은 여느 취재 대상이 그렇듯 금세 가물가물해졌다. 그가 개인 블로그에 김상옥 이야기를 연재하기 시작한 건 그로부터 2년이 흐른 뒤인 2008년, 정치부로 발령이 났을 때였다. 1997년 언론사에 입사했으니 경력 12년차, 한창 기사를 쏟아내야 할 시기였다.

정치부 차장의 업무량이라면 따로 겨를이 없었을 텐데 갑자기 왜 김상옥에게 매달리게 됐나요? 취재하고 시간도 꽤 흘렀는데 말이죠.

보도 이후 김상옥 후손분들이 감사하다면서 저와 다

른 취재기자에게 저녁을 대접한 적이 있어요. 그때 이분들이 '혹시 영화나 드라마가 될 수 있도록 기자님이 힘써주실 수 있겠느냐'고 말씀하시더군요. 그러면서 김상옥 일대기를 하나둘 푸는데, 이게 완전 영화예요. 반신반의했죠. 이분들도 직접 사건을 본 건 아니거든요. 횡설수설하기도 하고 발음도 좀 새고…. 그러면서 신문 스크랩 같은 서류가 담긴 두툼한 봉투를 하나 주셨습니다. 무척 꼬깃꼬깃했어요.

어르신들 태도가 기억나요. 간곡했어요. 그분들께 알겠다고는 했지만 솔직히 아무 생각이 없었어요. 자기 조상님 이야기는 누구나 과장하기 마련이잖아요? 돌아와서 책상 위에 올려놓고 새까맣게 잊었던 거죠. 그 봉투를 1년쯤 뒤에 열어봤어요. 정치부에서 선임급이라 야근이 많았는데, 그날따라 야간 기사가 없어 심심해서 한번 꺼내본 거였죠.

'에이, 설마…' 하던 의구심들은 기사를 하나둘 읽으며 조금씩 지워졌다. 몇 년 전 저녁 자리에서 들은 어르신들의 말이 주마등처럼 떠올랐다. '아니, 그게 다 진짜였다고?' 이튿날 곧바로 국회도서관을 찾아 1923년 당시 신문을 뒤졌다. 일제 검열을 거쳐서 나온 기사일 렌데도 김상옥의 활약상은 실로 대단했다. '이거, 논픽션으로 써보면 재밌겠는데?'라는 생각이 머리를 스치는 순간이었다.

그길로 그는 틈날 때마다 김상옥과 관련한 사실 조각들을 모으기 시작했다. 뚜렷한 목적은 없었다. 어르신들의 간곡한 얼굴이 자꾸 어른거렸던 게 이유라면 이유였다. 하지만 당시는 지금처럼 의열단에 대한 재평가가 이뤄지지 않았던 때. 의열단 이야기들은 여기 조금, 저기 조금, 온갖 곳에 흩어져 있었다. 그는 탐사 취재하듯 집요하게 의열단을 물고 늘어졌다.

마침 이 시기 그는 기자로서 한창 물이 올라 있었다. 전년도 몸담았던 탐사팀에서 6개월간 세 개의 탐사보도(〈신약 임상시험의 숨겨진 진실〉〈영혼이 흔들리는 아이들〉〈2008 反도핑 리포트〉)로 '이달의 기자상'을 세 차례 쓸어 담았다. 백발백중 사냥꾼처럼 출품하는 족족 상을 거머쥔 것인데, '선수'들이 즐비한 언론계에서도 이례적인 일이다.

아무래도 사건 자체가 오래됐다 보니 취재가 꽤 까다로웠을 것 같습니다. 어떻게 취재했나요?

일단 닥치는 대로 모았어요. 기사, 논문들은 물론이고 김상옥 기념사업회에서 발간한 김상옥 생애사, 유자명 등 의열단원들이 쓴 수기, 회고록, 평전을 틈만 나면 찾아

김동진

읽곤 했습니다. 주요 사건들의 얼개를 정리하는 작업만 한 1년쯤 걸렸던 것 같아요. 쉽게 말해 미친놈이었죠. 정치부에 일이 얼마나 많아요. 선배들이 굉장히 싫어했어요. "저거 또 쓸데없는 짓 한다"며 대놓고 면박을 줬죠. 하하하. 그때까지도 책을 써야겠다는 생각이 없었지만 그래도 눈치 보지 않고 꿋꿋이 연재를 이어갔죠.

생각해보면 이야기 논픽션에 대한 갈증이 있었던 것 같아요. 탐사팀에서 탐사보도 연구할 때도 서술적인 부분은 별로 고민한 적이 없었는데, 타사에서 새로운 시도를 하나둘 내놓더라고요. 《중앙일보》 이규연 선배, 저와 같은 해 입사한 《한겨레》 안수찬 기자가 돋보였어요. 그런데 제가 맡고 있는 분야가 어딘가요? 정치부잖아요. 당쟁 프레임 안에서 경마식 릴레이 보도가 주를 이루고 있는. 상황이 여의치 않았지만 '나중에 은퇴하거나 하면 반드시 논픽션을 써야지' 이런 생각을 종종 했던 것 같아요.

그가 가벼운 마음으로 블로그에 썼던 글들은 이를 눈여겨본 한 출판사 편집자의 제안으로 책으로 묶이게 된다. 2010년, 도쿄 특파원으로 일본에 있을 때였다. 훗날 영화사 쪽도 그렇지만 출판과 영화화 모두 그가 나서서 찾았던 게 아니라 상대가 먼저 찾아온 것이었다.

말씀을 들어보니 연재 당시 인기가 상당했던 것 같습니다. 책 출간도 그렇고 영화화도 그렇고 모두 제 발로 굴러든 것 아닌가요?

사실 저한테는 자기만족적인 글쓰기였는데, 반응이 의외였어요. 회사 블로그라 독자층이 얇았거든요. 그런데 저기 어디 산골짜기에 사는 분이 '잘 봤다'고 응원 메시지를 보내오기도 하고, 한번은 영화감독 한 분이 제본까지 해서 찾아오더라고요. 영화를 만들 테니 허락해달라고. 돈 벌려고 쓴 게 아니니 흔쾌히 그러시라고 했죠. 그리고 일본으로 떠났어요. 도쿄에 있을 때는 출판사 쪽에서 먼저 연락이 오더군요. 책으로 만들고 싶다고. 그러시라고 했습니다.

이런 것들이 돌고 돌아 2016년 영화 《밀정》으로 이어졌던 거 같아요. 특파원을 마치고 한국에 돌아오니 이번엔 유명한 영화 기획자분이 찾아왔어요. 이 작품을 모티프로 해서 영화를 만들고 싶다, 허락해달라고요, 김지운 감독이 메가폰을 잡을 거라고 살짝 귀띔해주더군요. 그때도 그러시라고 했습니다. 말하고 보니 이거, 제가 운이 너무 좋았던 걸까요? 하하하.

당연하게도 운으로만 볼 일은 아니다. 그만큼 그의 글에는 콘텐츠 제작자들이 군침을 흘릴 만한 요소가 가득

김동진

했다. 무엇보다 장면 장면이 모두 드라마틱하다. 김상옥의 최후 결전은 마치 눈앞에 벌어지는 일처럼 생생하게 묘사된다. 김상옥과 그를 쫓는 일본 경찰의 내면의 소리는 독자들을 단숨에 몰입시키기 위한, 의도된 장치일 것이다. 그래서 이 책을 읽는 것만으로도 잘 만든 한 편의 소설, 혹은 영화를 보는 듯한 기분이 든다.

하지만 이는 거꾸로 그만큼 이 이야기가 현실 같지 않다는 뜻이기도 하다. 저자는 어떻게 역사 속 인물의 내면까지 글에 담아낼 수 있었을까. 김상옥과 황옥 본인이 아니라면 알 수 없는 감정 변화를 어떻게 묘사할 수 있었을까. 심지어 김상옥은 총격전 끝에 사살되어 아무런 조사 기록도 남기지 못한 인물. 과연 이것을 논픽션으로 볼 수 있을까? 구석에 잠시 밀어놨던 질문들이 슬슬 고개를 들었다.

작품을 보면 인물 내면 묘사가 다수 나옵니다. 예컨대 "그는 품속에 있는 모제르 7연발 권총을 만지작거리며 그 통쾌한 순간을 몇 번이고 머릿속에 그려보았다" 같은 문장 말이죠. 사료로 다 남아 있던 건 아니지 않나요?

근거 없는 이야기들은 아니에요. 일단 김상옥의 생애 관련한 책을 많이 참고했어요. 상황과 맥락 위에서 캐릭터를 만들었습니다. 역사서, 당일의 기록, 주변 증언 등 취재를 바탕으로 이때 이 캐릭터가 어떻게 행동했을까, 어떻게 생각했을까 고민하며 최대한 당시 상황을 재구성하는 것이죠. 물론 그때 했던 말을 100% 그대로는 모르더라도 분위기는 알 수 있어요. 추정이지만, 근거 없는 추정은 아닌 셈이죠.

예를 들어 진눈깨비가 내리고 김상옥의 마지막을 지켜보는 구경꾼들이 수군대는 장면은 문학적 장치로 볼 수 있지만, 다 언론 보도와 사료에 나오는 이야기예요. 그날에 관한 기록을 모조리 수집한 뒤 독자들의 몰입을 해치지 않고 자연스럽게 이야기가 흘러갈 수 있도록 재구성하는 거죠. 등장인물의 대사, 디테일한 행동 역시 마찬가지입니다.

그의 설명은 언뜻 소설을 쓸 때 미리 캐릭터를 만들어놓고 주어진 상황에서 '여기서 이 사람이라면…' 하는 식으로 캐릭터의 행동과 말을 프로파일링하는 작법과 비슷해 보였다. 차이가 있다면 캐릭터를 떠받치는 근거들이 상상이냐, 팩트냐 정도뿐이었다.

알려진 사료를 기반으로 장면의 맛을 살린다는 말씀이죠? 5·16이나 12·12군사반란을 드라마처럼 다룬

김동진

"아무렇게나 지어내라는
얘기가 아닙니다. 당연히
팩트에 기반해야죠.
중요한 건 전달이에요.
논픽션 작가는
인터프리터가
되어야 해요."

사진 제공 김동진

기획기사들이 떠오릅니다. 이런 방식을 '팩트가 아니다'라며 탐탁지 않게 생각하는 기자들이 있을 것 같은데요.

저는 기사 쓰는 거랑 크게 다르지 않다고 생각해요. 예전에는 이런 기사가 꽤 많았거든요. 《신동아》라든지 《월간조선》이라든지. 잡지를 다뤘던 분들에게 제 작품은 그다지 새롭거나 하지 않을 거예요. 결국 이런 논픽션은 70%의 팩트에 30%의 상상이 가미될 수밖에 없습니다. 팩트를 기반으로 하되, 상상력과 문장력이 가미되는 장르인 셈이죠. 그게 아니라면 우리가 쓸 수 있는 건 1인칭 르포르타주밖에 없어요.

저는 달을 그리는 방법이 두 가지라고 생각해요. 달을 직접 노랗게 칠하는 방법, 달 부분만 남겨놓고 주변을 거멓게 칠해 '이것이 달이다' 하고 부각시키는 방법. 역사 논픽션은 후자의 방식으로 글을 씁니다. 취재된 팩트를 기반으로 독자들이 자연스럽게 사건을 이해하도록 유도하는 글쓰기죠.

사실관계가 확실해지면 이 사람이 이런 말, 저런 말을 했다는 건 쓸 수 있습니다. 물론 그 대사가 정확히 맞느냐, 구체적으로 맞다 틀리다고는 말할 수 있겠지만 가공된 사건, 가공된 사실이 아니라 팩트를 기반으로 하기 때문에

김동진

전혀 문제가 없다고 생각해요. 따지고 보면 기자들이 쓰는 기사들도 다 그런 구조죠. 스트레이트 기사를 빼놓고는 말이에요. 어떤 사람의 삶을 완벽하게 재구성하겠다는 건, 불가능한 일입니다.

그의 얘기는 아무리 '논픽션'이라 해도 100% 사실로만 쓰는 건 애당초 불가능하다는 것이다. 고개가 끄덕여졌다. 기자 시절 경험을 떠올려 보면 '완벽한 객관'이란 현실에 존재하지 않는다. 사막의 모래알처럼 메말라 보이는 언론 기사들이나 학계 논문도 결국은 쓰는 이의 시각과 관점에서 멀리 벗어나지 못하니 말이다. 그가 조금은 단호한 투로 말을 이었다.

"그런 건 연구자들이 쓰는 드라이한 논문에서나 가능한 일이에요. 그렇다고 아무렇게나 지어내라는 얘기가 아닙니다. 당연히 팩트에 기반해야죠. 중요한 건 전달이에요. 논픽션 작가들은 자신이 취재한 사실을 대중들에게 어떻게 전달할지를 고민해야 합니다. '인터프리러interpreter'(통역사, 해설자)가 되어야 해요."

그는 인터뷰 동안 '인터프리러'라는 말을 여러 차례 꺼냈다. 그 예로 진화생물학자 리처드 도킨스를 들었다. 도킨스가 《이기적 유전자》(1976)로 세계적인 명성을 얻었지만, 그 안에 담긴 내용들은 이미 논문으로 발표되었던 것이란 얘기다. 복잡하고 어려운 공식과 수식들을 대중적으로 쉽게 풀어쓰는 것, 즉 팩트를 기반으로 대중에게 쉽게 읽히도록 '전달하는 글쓰기'가 그의 눈에 비친 논픽션이란 장르의 실체였다.

작품을 보면 캐릭터들이 살아 있는 것 같습니다. 이런 점이 의열단에 대한 대중적인 관심, 나아가 영화화까지 이끌어낸 것이겠죠?

탐사보도를 하면서 뒤늦게 알게 된 것은 대중은 무엇이든 '스토리'로 받아들인다는 점이었어요. 팩트는 암기 대상이 아니에요. 사람들은 자연과학적 사실마저도 스토리 형태로 받아들입니다. 리처드 도킨스를 보세요. 그가 인기를 모은 것은 유전 원리를 과학적인 방법이 아니라 이야기 방식으로 풀어서예요. 수많은 예를 들어 설명하니까 일종의 스토리, 맥락이 만들어진 것이죠. 인간이란 원래 그런 것 아닐까 생각해요. 과학의 탐구가 아니라면, 대부분의 글쓰기는 스토리를 가질 수밖에 없어요.

대개 현실은 잔가지들로 어지럽게 뒤덮여 있습니다. 의열단만 보더라도 저마다의 신념과 욕망이 소용돌

김동진

이처럼 충돌하고 있죠. 여기서 이야기의 몸통을 건져 내는 방법이 따로 있을까요?

가장 먼저 할 일은 '맥락'을 만드는 것이에요. 그래야 그 위에서 캐릭터가 저절로, 자연스럽게 움직여요. 사실 이 중스파이 황옥에 대해서는 여러 시각이 존재해요. 일본 쪽이었는지, 우리 쪽이었는지를 두고 말이죠. 황옥은 마지막까지 갈등했던 것 같아요. 재판에서 그는 '자신은 의열단 일망타진을 위해 위장했던 것뿐'이라고 거칠게 항변하죠. 팩트는 황옥이 고초를 겪은 이후 일본 쪽에서는 아무런 보상을 하지 않았고, 김원봉은 '나와의 약속 때문에 황옥이 재판에서 그렇게 말했던 것'이라고 언급했다는 점이죠.

시대적 상황도 중요합니다. 당시(1920년대)를 취재해 보면 조선인 순사들이 독립운동가들을 보고도 모른 체 넘어가주는 일들이 더러 있었어요. 1930년대와 달리 아무리 친일파라도 마음의 부채감이 조금은 남아 있던 시기인 거죠. 인간이란 복잡미묘합니다. 그런 맥락들 위에서 위험을 무릅쓰고 의열단에 힘을 보태는 스파이 캐릭터, 황옥이 탄생한 거예요.

저는 가장 먼저 사건에 관한 팩트들을 모은 뒤 시계열적으로 쭉 배치하는 작업부터 했어요. 여기저기 흩어진 조각들을 순서대로 정렬한 것인데, 이 작업이 1년쯤 걸렸습니다. 다 하고 보니 A4 넉 장 정도 되더군요. 이 과정에서 인사이트가 쫙 하고 나와요. 기존에 알려진 사실들의 모순이라든가, 인물간 연결고리, 인물의 부자연스러운 행동 같은 것 말이에요. 그런 부분이 탁 하고 튀어나오면 추가 취재를 벌이는 식이었죠.

실제로 《1923 경성》에서 김상옥은 '종로서 폭탄투척 의거'와 무관한 것처럼 묘사된다. 세간에 알려진 것과는 사뭇 다른 해석인 셈이다. '총독 암살이란 대의를 위해 경성에 잠입한 김상옥이 불필요하게 경찰 경계를 삼엄하게 만들 까닭이 없었다. 대단히 부자연스럽다'는 게 저자의 생각이다. 근거 없는 얘기는 아니다. 이렇게 심증을 굳힌 데는 학계에 그와 비슷한 시각에서 김상옥을 해석하는 흐름이 존재한다는 사실도 한몫했다.

또 하나 이 작품에서 눈에 띄는 점은 조선인 일본 경찰 황옥과 의열단 김상옥 죽음 사이의 연결고리를 캐치했다는 것이다. 황옥은 김상옥이 죽은 뒤 그의 배후를 캐내는 임무를 맡아 중국으로 갔다가 김원봉을 만나 스파이가 되는 인물이다. 이 두 사람의 삶을 하나의 스토리로 이어붙인 것 역시 시계열 정리법의 성과였다.

김동진

취재를 해보니 희한할 정도로 별개 사건으로 인식되어 있었어요. 시계열로 사건을 정리하다 보니 문득 하나의 거대한 이야기가 보이기 시작하는 거예요. 말하자면 두 사람 다 김원봉의 플랜 속에 있었던 것이고, 김상옥의 죽음이 황옥의 삶에 결정적 영향을 끼친 것이죠.

두 사람의 이야기다 보니 사건 배치 순서도 고민이 되었겠습니다.

일반적인 전기라면 태어나 죽는 순간까지 순서대로 써야하겠지만, 논픽션이잖아요. 눈감기 직전부터 스토리를 시작해도 아무런 상관이 없는 것이죠. 드라마틱하게 순서를 짜는 건 드라마《모래시계》(1995)를 쓴 송지나 작가 영향을 받았어요. 대단한 작가였죠. 1990년대 중반 '영상화를 위한 글쓰기'란 주제로 그에게 강연을 들은 적이 있어요.

핵심은 줄거리 시퀀스들을 36장의 카드로 만드는 거예요. 그다음 이렇게 저렇게 놓아보며 전체적인 구성을 짜보는 것이죠. 그렇게 로직이 만들어진 뒤 세세한 디테일을 붙이는 거예요. 이 작품은 종로서에 폭탄이 투척된 1923년 1월 12일 저녁 서울의 한 천교도당에 열리는 연설회에서부터 시작해요. 의도한 거죠. 물론 실제 있었던 사건입니다.

그와 대화를 나누다 문득 인터뷰 전 일부러 불을 놓았던 의구심들이 팍 사그라들었음을 깨달았다. 논픽션의 적이 되어 사이사이 찔러 넣은 공격들마다, 그는 다 예상한 것마냥 물 흐르듯 척척 답을 내놓았다. 치명상은커녕 작은 생채기도 내지 못한 것이다. 미처 생각지 못했던 부분들마저 '팩트'로 점철되어 있는 것으로 보건대, 아마도 그는 처음 이 작품을 구상할 때부터 이미 치열한 전투를 벌이고 있었을 것이다.

그의 막힘없는 설명을 듣고 있자니 독자들의 의구심 어린 시선이란, 어쩌면 대적해야 할 적이 아니라 논픽션이란 장르를 보다 논픽션답게 만드는 핵심일지도 모르겠다는 생각이 들었다. 그만한 강적이 없었다면 이토록 치열하게 고민하고, 또 치밀하게 취재할 이유가 하등 없었을 테니 말이다.

"여기, 이것도 제가 쓴 책인데, 한번 읽어보세요. 이런 캐릭터들을 계속 발굴해볼 생각입니다." 김동진은 《1923 경성》 이후에도 쭉 역사물에 천착해왔다. 《임진무쌍 황진》(2021)은 이순신에 가려진 임진왜란의 명장, 황진을 주목한 작품이다. 2023년엔 조선 후기 정조 시대를 무대로 한 역사소설 《전기수 설낭》을 선보였다. 대체로 그간 역사에서 제 몫의 각광을 받지 못한 인물과 서사를 복원하는 데 방점이 찍혀 있는 듯했다. 앞선 성공에서 그가 얻었을 어떤 깨달음과도 관련이 있으리라.

인터뷰를 마치고 인사를 건네자 그가 지나가는 말투로 한마디 보탰다. "저는 젊은 논픽션 작가들이 더 과감하게, 더 넓게 써봐도 좋을 거 같아요. 그래도 됩니다." 인터뷰 내내 '어떻게 이렇게 쓸 수 있느냐' '그래도 되느냐'고 너무 꼬치꼬치 따졌기 때문일까. 어쩌면 '이렇게 쓰는 게 얼마나 어려운지 몰라서 하는 얘기 같은데 한번 써보고 말하라'는 뜻일지도 모르겠다. 다 알고 있다는 듯한 그의 눈빛에 내심 감추고 있던 무언가를 들켜버린 느낌이 들었다.

나름대로 일촉즉발(?)의 인터뷰를 무사히 끝내고 돌아오는 지하철에서 그가 한 말을 작게 중얼거려봤다. "사건을 완벽하게 재구성하는 건 불가능하다" "1인칭 르포르타주만 쓸 수는 없는 일이다" "스토리텔링이 전부다" "통역자가 되어라" "고민하지 말고, 그냥 써라" 이유는 모르겠지만 어쩐지 점점 어깨가 가벼워지는 기분이었다.

저널리즘,
논픽션,
특종

방망이 깎던 노기자

조
갑
제

"지금도 나는 특종을 쫓아요.
 특종을 쓰고 싶어요. 아주
 짜릿하죠. 특종만큼 재밌는 것,
 세상에 없다고."

조갑제

한국 보수진영의 대표적 언론인. 지금은 논객으로 더 유명하지만 1970-
1990년대 긴 호흡의 탐사보도와 다수의 특종을 발굴하며 기자로서 명성
이 대단했다. 그 덕분에 오늘날까지도 논픽션·탐사보도 분야에선 진영
을 막론한 '리스펙'을 받고 있다. 인터넷 언론사 《조갑제닷컴》과 유튜브
채널 《조갑제TV》를 운영 중이다.

이 책 목차에 실린 이름들을 쭉 한번 훑고 곧바로 이 페이지로 넘어왔다면, 당신은 높은 확률로 기자일 것이다. 적어도 언론계 언저리에는 발을 담그고 있을 것이다. 이름이 주는 무게감 때문이다. 쟁쟁한 이름들 사이에서도 이 사람의 이름은 일말의 존재감도 잃지 않는다. 아니, 오히려 튄다. 만약 그렇게 느껴지지 않는다면, 살면서 이 이름을 전혀 들어보지 못했거나, 혹은 이 책에 실렸다는 사실이 의아한 경우일 것이다.

수많은 수식어가 이 이름, '조갑제'에 따라붙는다. 월간조선사 초대 사장, 《조갑제닷컴》 대표, 언론인, 기자, 작가, 50만 유튜버…. 언론이 즐겨 쓰는 표현은 '논객'이다. 서

있는 위치에 따라 앞에 붙는 표현이 다르긴 하다. 이쪽이라면 보수, 저쪽이라면 극우 논객이다. 대중의 시선도 비슷하다. 이쪽에선 열렬한 응원을, 저쪽에선 비릿한 냉소를 보낸다. 오래된 풍경이다.

논객 조갑제가 아닌, 기자 조갑제를 만나기로 마음먹은 것은 한국의 논픽션을 말할 때 《사형수 오휘웅 이야기》(1986, 이하 《오휘웅》)를 빼놓을 수 없기 때문이다. 그의 기자 시절 대표작으로 꼽히는 이 작품은 1979년 치정살인범으로 몰려 억울하게 사형당한 오휘웅 씨 사건의 실체를 파헤친 논픽션으로, 법조계의 필독서로 여겨질 정도로 명성이 자자했다.

검사 출신 금태섭 전 국회의원은 저서에서 "서울대 학부생 시절 형법 교수님이 《오휘웅》을 이탈리아 법학자 체사레 베카리아Cesare Beccaria가 쓴 명저 《범죄와 형벌》(1764)에 버금간다고 평가했다"며 치켜세우기도 했다.

이 작품에 대한 기자들의 존경심 역시 유별나다. "한국 언론사에 남을 탐사보도"(김용진 《뉴스타파》 대표), "장마철 방바닥처럼 뜨끈하게 달아오르는 책"(박상규 《셜록》 대표), "이야기 논픽션의 한국적 원형"(고나무 《팩트스토리》 대표) 논픽션과 탐사에 관한 이야기가 나올 때면 '무조건'이라고 할 수 있을 정도로 늘 거론되는 걸작이다.

2022년 가을 조갑제 대표를 만나 《오휘웅》에 대한 이야기를 나눴다. 하지만 이듬해 6월, 출판사에 마지막 원고를 넘기기 직전 그에게 다시 인터뷰를 요청했다. 아무리 생각해도 기자 조갑제를 대표하는 작품이 《김기철 씨는 왜 요절했나?》(2011, 이하 《김기철》) 같았기 때문이다.

다시 읽어본 《김기철》은 이런 생각을 굳히게 했다. 처음 이 책을 읽었을 때처럼 시간 가는 줄도 모르고 정신없이 이야기에 빨려 들어간 것이다. 어쩌면 '당사자들의 목소리가 코앞에서 살아 숨 쉬듯 들려야 좋은 논픽션'이라는, 지극히 개인적인 취향 때문일지도 모르겠다.

양해를 구하고 다시 만난 그는 백발이 성성하고 허리가 살짝 굽은, 교양 있는 70대 노신사의 모습 그대로였다. 인사를 건네는 그의 말투는 여느 때처럼 들릴 듯 말 듯 조곤조곤했다.

———

오랜만입니다. (자초지종을 설명하자) 그런가요? 사실 나도 그렇게 생각해요. 저도 《김기철》이 개인적으로 가장 애착이 갑니다. 마지막까지 취재도 잘되었어요. 스스로 취재를 잘했다는 생각이 들기도 해요. 사람들은 《오휘웅》을 많이 얘기하지만 사실 오휘웅이는 취재한 기간이 짧았어요. 4개월인가밖에 안 되고…. 취재할 때도 여러 면에서 아쉬운 점이 많았죠.

그렇군요. 그동안 집필한 작품이 굉장히 많은데 왜 이 작품에 가장 애착이….

재밌잖아, 재밌잖아요?

질문이 채 끝나기도 전에 그가 답했다. 더 얘기할 것도 없다는 투였다. "이 책, 읽어보셨나요? 아주 그냥, 엄청 재밌다고. 완전 영화죠, 영화. 드라마예요." 약간은 굳은 듯 보이던 그의 얼굴이 처음으로 누그러지며 입가에 웃음이 번졌다. 그는 《김기철》을 설명할 때 유독 '드라마'라는 표현을 많이 썼다. 고개가 끄덕여졌다. 그렇다. 그의 말처럼 이 책은 드라마가 맞다. 김기철이라는 평범한 청년이 날벼락처럼 겪는 시련들은, 그때나 지금이나 드라마라는 표현 말고는 달리 설명할 길이 없으니 말이다.

다만 드라마의 주인공은 김기철 씨가 아니다. 주연은 검사, 조연은 경찰과 기자다. 사건은 1967년 10월 17일, 부산에서 시작된다. 늦은 밤 영도다리 근처에서 11살 김근하 군이 마분지 상자에 담긴 채 주검으로 발견된 것이다. 가슴에 자상을 입은 채였다. 범인은 경찰 추격을 뿌리치고 현장에서 달아났다.

수사는 지지부진했다. 범인이 몇 차례 잡히기도 했으나 모두 언론과 경찰이 만들어 낸 '가짜 범인'이었다. 그러던 것이 이듬해 5월 거짓말처럼 말끔히 해결된다. '어린이 유괴 사건 수사의 명검사'로 불리던 김태현 부장검사팀 작품이었다. 〈근하 군 살해범 일망타진〉이라는 헤드라인 아래 관련 기사들이 쏟아졌고, 지면 한쪽엔 김 검사의 얼굴이 조그맣게 실렸다. 결과에 흡족한 표정이었다.

김기철 씨는 김 검사팀이 잡아들인 일당 중 하나였다. 언론은 그의 군생활에 주목했다. "해병대 특수교육 경험을 살려 살인 방법을 가르친 국졸國卒의 실업자" "살인귀"라며 그의 비정함과 잔인함을 대서특필했다. 언뜻 호들갑처럼 보일 정도로 마구 기사가 나왔던 것은, 앞서 수차례 범인을 잡았다며 오보를 낸 부산 지역 언론사들 체면이 말이 아니었기 때문이기도 했다.

이 사건을 연재한 시점이 1981년입니다. 사건이 발생하고 꽤 시간이 흐른 뒤인데, 어떻게 취재를 시작하셨나요?

제가 기자 생활을 시작한 게 1971년입니다. 부산의

《국제신문》이었죠. 그러니까 김근하 군 사건은 제가 입사하기 4년 전 발생했던 겁니다. 제가 사회부를 오래 했는데 근하 군 사건은 당시 부산 기자들 사이에서 많이 얘기되던 사건입니다. 많이 들었어요. 경찰들도 많이 언급했습니다. 익히 들어 알고 있던 사건이었는데, 마침 기회가 온 거예요. 1980년에 5·18민주화운동을 취재하다가 언론사에서 해고된 것이죠.

이듬해 《마당》이라는 월간지에 창간 멤버로 합류하게 되었어요. 그래서 이 사건을 취재하게 된 겁니다. 시간이 많았거든요. 사건 발생 15년, 그러니까 1년 뒤인 1982년 공소시효가 끝나는 미제 사건이기도 하니, 시기적으로도 다뤄볼 만한 소재였던 셈입니다.

오휘웅 씨도 그렇고 김기철 씨도 그렇고 1980년대에 고문 피해자들에게 관심이 많았던 것 같습니다.

그렇긴 한데 딱히 저만 그랬던 것은 아닙니다. 1980년대 기자들의 분위기, 시대 분위기가 그랬어요. 민주화 목소리가 높을 때 아닙니까. 많이들 썼어요. 다만 아무래도 저는 월간지 기자다 보니 일간지보다는 시간이 많았어요. 사건에 더 깊이 들어가 입체적으로 쓸 수 있었죠. 한 사건을 한 달 이상 취재하면 뭐라도 꼭 하나는 건지게 되어 있습니다.

제가 그동안 고문에 대한 책을 세 권 썼어요. 아니, 네 권인가요? 어디 보자…《사형수 오휘웅 이야기》《고문과 조작의 기술자들》《이수근은 역시 간첩이 아니었다!》《김 기철 씨는 왜 요절했나》… 4권. 확실히 많이 쓰긴 했네요. 우리나라에… 이 주제에 관해 이렇게 쓴 사람이 또 있을까요? 또 있나, 모르겠네요.

그가 정말 몰라서 물어본 것은 아닐 것이다. "당연히 그렇지 않을까요?"라는 맞장구에 그는 보일 듯 말 듯 미소를 띠었다. 얼핏 수줍음이 섞인 듯한 그의 미소는 겸양을 체화해온 백발의 장인이 자기 작품에 드러내는 최소한의 자부심처럼 보이기도 했다.

혹시 고문을 실제 목격하기도 했나요? 그 시절 분위 기가 궁금해지네요.

그럼요. 많았죠. 제가 경찰서를 출입하던 1970년대에 는 경찰서 안에서, 기자들이 다 보는 앞에서, 형사들이 주 전자를 들고 이리저리 뛰어다니고 그랬어요. 물고문하려 고. 기자들 인식도 지금이랑은 달랐죠. '소매치기 같은 놈 들은 좀 당해도 싸다' 이런 정서였어요.

형사들이랑 친해지면서 고문 수사에 관한 얘기도 많이 하고… 그런 걸 직접 보기도 하면서 자연스레 고문, 조작에 관심을 두게 된 거죠. 죄짓지 않은 사람을 범죄자로 모는 것, 수사기관이 할 수 있는 가장 나쁜 일이거든. 민주화, 고문 없는 세상이 된 건 정말 대단한 겁니다. 인류사적인 일이에요. 이런 나라가 또 없습니다.

그는 고문과 조작을 주제로 썼던, 그 시절 자신의 취재에 금지가 대단했다. "기자 생활하면서 고문을 없애는 데 일조한 것이 가장 뿌듯하다"고 여러 차례 언급했다. 실제로 1980년대 수많은 기자가 그가 쓴 기사를 참고했다고 알려져 있다. 그중에서도 그가 "가장 아끼는 기사"가 바로 이 김기철 씨 기사다. 그것은 이 사건 자체에 여러 극적 요소가 담겨 있기 때문이기도 하지만, 기자로서 느끼는 취재의 밀도 차이 때문이기도 하다.

그런 면에서 《김기철》은 《오휘웅》과도 구분된다. 두 작품 모두 십수 년 전 사건에 주목해 책 한 권을 쓸 만큼 집요하게 파고들었다는 점은 비슷하지만, 사건의 실체가 거짓말처럼 황당하고 이를 증언하는 당사자의 목소리가 생생하게 담긴 《김기철》 쪽이 법원과 수사기관에 제출된 서류 더미를 기반으로 하는 《오휘웅》보다 아무래도 완성도가 높게 느껴지는 게 사실이다. 작품을 쓴 당사자도《김기철》의 손을 들어줬다.

사실… 오휘웅 씨 이야기는 조금 일면적이에요. 사건이 단순하고, 사건을 둘러싼 갈등이란 게 잘 없죠. 김기철 씨 사건은 반대죠. 아주 엎치락뒤치락하잖아요. 다양한 인물이 나오고… 영화예요, 영화. 드라마죠. 김금식이란 사람을 보세요. 참, 보통내기가 아니었습니다.

《김기철》의 하이라이트는 역시 모든 문제의 출발점인 김금식을 기자가 직접 만나는 대목일 것이다. 김금식은 친구인 김기철을 수렁으로 끌어들인 장본인이자, 교도소 수감 중 검찰과 법원을 농락하려 각본을 써 기어코 사달을 낸 인물이다. 그가 무고한 김기철 씨를 끌어들인 이유는 훗날 법정에서 자신의 거짓 주장을 뒤집을 때 '확실한 카드'가 될 것이라 생각했기 때문이었다. 즉 누가 봐도 범죄와는 거리가 먼 친구가 이 사건 주동자로 지목됐다는 사실 자체가 검찰이 쌓아 올린 거짓의 탑을 단번에 무너뜨릴 열쇠가 되리라 본 것이다.

서른여섯의 기자 조갑제는 월간지에 광고를 싣는 등 끈질긴 수소문 끝에 김금식을 만날 수 있었고, 그의 목소리를 독자들에게 전했다. 사건 발생 14년 만의 일이었다.

김금식 씨를 결국 만나셨습니다. 책에는 '광고를 내기도 했다'고 되어 있는데 당시 상황이 기억나시나요?

에… 다른 신문이 아니라 제가 기사를 쓰던 《마당》에 작게 광고를 실었던 걸로 기억해요. 잡지 안에. 김금식 씨랑 정대범 씨(이 조작 사건의 또 다른 피해자)를 만나려고 했습니다. 그때는 지금처럼 인터넷이, 구글이 없었으니까… 이 사건이 십수 년 전 사건이다 보니 수사 자료도 당연히 없었고. 답은 인물을 찾는 것, 사람을 만나는 것이었어요. 인터넷이란 게 사람을 안 만나고 자료 찾는 것 아닙니까? 그런데 그때는 그게 없으니 사람 만나는 데서 자료도 생기고 증언도 생기고 그랬죠.

작품을 보면 김금식 씨에 대한 평가가 그다지 부정적이지 않은 것 같습니다. 악동 같다고 표현하셨지요?

악동이죠. 범죄자고 악동이긴 한데… 왠지 사람이 미운 인물은 아니었달까요? 그리고 결국 결자해지하지 않았습니까? 검찰을 갖고 논 것 아닙니까. 그 시절에. 정규교육도 받지 못한 사람이. 참, 얼마나 통쾌합니까? 이 사건 취재에서 한 가지 아쉬운 점이 있다면 김태현 검사, 이때는 변호사였죠? 이 사람을 만났어야 하는데… 그러질 못했어요. 의문입니다. 내가 그때 왜 안 찾아갔을까….

부산지검 부장검사 김태현. 그는 재소자였던 김금식이 판 함정에 빠져 김기철 씨 등에게 지옥도를 선사한, 이 드라마의 메인 빌런이자 주인공이다. "교도관을 외상으로 매수해 2일 동안 교도소를 나가 근하 군을 살해한 뒤 교도소로 다시 돌아왔다"는 김금식의 주장은 여러모로 황당하고 터무니없었지만, 김 검사는 김금식이 지목한 사람들과 교도관들을 불도저처럼 잡아들였고, 고문을 통한 자백과 회유로 사건을 입맛대로 조작해 법원에 넘겼다.

그는 대법원에서 최종 무죄가 난 상황에서마저 "대한민국에 다른 진범은 없다"고 공개적으로 단언함으로써 김기철 씨 등을 인격 살해한 인물이기도 하다.

김기철 씨는 447일의 옥살이가 끝에 무죄로 풀려났지만 결국 폐인이 되어 요절했습니다. 누구에게 가장 큰 책임이 있을까요?

검찰, 경찰, 언론… 다 책임이 있습니다. 법원도 1심에서 사형을 선고했죠. 가장 문제적 인물은 역시 김태현이란 검사입니다. 다만 이 사람하고 직접 만난 적은 없어요.

통화만 짧게 한 게 전부죠. 지금 생각해보면 당시의 내가 왜 더 공격적으로 취재를 안 했을까, 하는 생각이 들기도 합니다. 일종의 지옥도를 만든 사람인데⋯. 변호사로 일했으니 찾아갔다면 만날 수 있었을 거예요. 음⋯ 그럴 필요가 없을 정도로 자료가 많으니까, 굳이 안 만나도 되겠다 했었나? 그렇게 생각했던 것 같기도 하네요.

과거 자신이 검찰을 가지고 놀았다는 사실을 자랑스레 늘어놓는 철부지 범죄자 김금식과 여전히 김기철이 진범이라 굳게 믿는 검찰 쪽 조력자 황덕수의 갑작스러운 등장은 잠시 느슨해진 긴장의 끈을 조이며 독자들을 이야기의 종착지까지 밀어붙인다.

여기에 대검 공안부장·부산지검장 등 요직을 두루 거치며 훈장까지 받고 퇴직한 검사 김태현의 승승장구 스토리는 고문 후유증으로 망가진 김기철의 쓸쓸한 최후와 빛과 그림자처럼 대비되며 드라마를 완성한다.

이 얼마나 극적입니까. 제가 쓴 기사를 보고 윤대성이라는 시나리오 작가가 연극을 만들었어요. 《신화 1900》(1982)이란 연극인데, 반응이 아주 대단했어요. 사회고발적인 내용인데⋯ 백상예술대상 대상 같은, 당시 연극계의 상이란 상은 모조리 휩쓸었죠. 그만큼 이 이야기에 생각해볼 지점들이 있었다는 것이겠지요.

그는 인터뷰 도중 '특종'이란 단어를 입버릇처럼 툭툭 꺼냈다. 본인이 한 특종, 다른 기자가 했던 특종, 이를 둘러싼 여러 일화를 쉴 새 없이 떠올렸다. 1970-1980년대 현장을 누비던 기자 조갑제를 직접 본 적은 없지만, 당시 그가 어떤 유형의 기자였을지 짐작이 갔다. 그의 눈빛은 지금도 특종을 좇고 있었다.

어쩌면 당연한 일일지 모른다. '특종'은 조갑제라는 이름을 설명하는 대표적인 수식어이니 말이다. 입사 4년 차 되던 1974년 중금속 오염 실태를 취재해 '한국기자상'을 수상한 그는 미국 CIA 한국지부의 36년 첩보 활동 추적 특종, 12·12 육군본부 감청 테이프 공개 특종 등 수십 년간 기자와 편집장을 오가며 굵직한 특종을 수도 없이 선보였다.

그에게 《김기철》이나 《오휘웅》 같은 심층 기사를 쓸 수 있었던 비결을 묻자, 이번에도 "특종에 대한 욕심"이라는 답변이 돌아왔다. 고개가 끄덕여지면서도 한편으론 갸웃해졌다. 이런 '이야기 논픽션'은 일반적인 의미의 특종과는 결이 다른 것 아닌가 하는 생각이 들어서였다. 그가 생각하는 특종은 무엇인지 문득 궁금해졌다.

특종에 일가견이 있으신 것으로 압니다. 《김기철》이나 《오휘웅》도 특종이라고 볼 수 있을까요?

기자는 특종에 대한 동경심이 있어야 합니다. 특종이 목표가 되어야 합니다. 특종은 여러 형태가 있습니다. 속보 경쟁에서 남보다 먼저 쓰는 특종이 있을 수 있고, 한 가지 사건을 끈질기게 취재해서 진실을 밝혀내는 특종도 있습니다. 김기철 씨 사건 같은 기사는 후자 쪽이겠죠.

하지만 저는 이 말씀을 드리고 싶어요. 말씀하시는 걸 쭉 들어보니 후자 쪽에 더 관심이 있으신 것 같습니다. 특종의 고유한, 원초적인 특종은 속보인데, 그거는 잘 안 다루시죠? 하지만 진짜 특종은 전자입니다.

첫 보도를 어디서 했느냐, 왜 먼저 할 수 있었느냐, 이게 훨씬 더 중요하다는 거예요. 가령 88서울올림픽 때 《조선일보》가 육상 100m 신기록을 세운 캐나다 선수 벤 존슨한테서 금지약물이 검출됐다는 특종을 썼어요. 전 세계가 받아썼지요. 경쟁에서 이긴 거예요. 이런 게 진짜 특종입니다. 하지만 학자 같은 사람들은 이런 유의 특종을 무시하는 경향이 있어요.

조갑제

"운동선수가
신기록에 대한 야망이
없으면 선수를 더
할 수 없잖아요.
　　마찬가지입니다.
　　기자가 특종이라는
　　목표가 없으면
　　게을러진다고.
　　야성이 사라지는
　　거예요."

사진 이창수

그렇긴 하지만 《김기철》에 등장하는 언론사들의 일그러진 모습도 속보 경쟁이 만든 것 아닐까요?

속보 경쟁이 만드는 폐해도 물론 있습니다. 과거에는 더 심했죠. 지금이야 매체가 많지만 그때는 별로 없었으니까. 기자들이 늘 일대일로 맞붙었어요. 조간의 조선-한국, 석간의 동아-중앙 식으로. 그야말로 진검승부였죠. 단순했어요. 승부가 명쾌히 나니까. 그러니 기자들이 담벼락을 넘기도, 경찰서에 들어가 서류를 훔치기도 하고 그랬던 거예요. 그때는 이상하게 살인사건이 나면 꼭 피해자 사진을 지면에 실어야 했어요. 사진은 하나밖에 없는데. 그러니 서로 초상난 집 가서 사진첩 들고 오고 가져가고 그랬죠.

《김기철》은 특종 경쟁이 부른 폐해이기도 합니다. 그렇다고 속보 경쟁을 무시해선 안 됩니다. 모든 훌륭한 기사는 거기서부터 시작하니까요. 우리 사회 민주화를 이끌어낸 박종철 고문치사 사건은 어땠나요? 《중앙일보》의 짤막한 특종이 모든 것의 시작이었어요. 우연 같지만 우연이 아닌 게 나오고, 좋은 기사가 나오고…. 이런 특종이 진짜 재밌는 거예요. 참 재밌다고. 그냥 나오는 게 아니에요. 우연도 있어야 하고, 순발력도, 운도 있어야 하죠. 그거를 시시하게 보면 안 된다는 거예요. 그게 있어야 그다음이 있는 거예요.

저는 일간지에서 기자 생활을 시작했어요. 그래서 월간지에 있을 때도 늘 1초, 10초 안에 판가름이 나는 '찰나의 특종'을 염두에 두었죠. 항상. 저 스스로를 사회부 기자라고 생각하고 기사 욕심을 낸 거예요. 물론 나는 (월간지에 있으니) 시간 경쟁에서 자유로웠지만, 그래도 늘 경쟁 속에 있다고 생각했습니다.

그는 특종에 대한 욕심을 전혀 감추지 않았다. 아니, 오히려 자랑스러워 하는 듯 보였다. 그는 특종을 쫓는 기자들의 마음가짐을 신기록을 향한 운동선수의 그것에 비유했다.

"운동선수가 신기록에 대한 야망이 없으면 선수를 더 할 수 없잖아요. 마찬가지입니다. 기자가 특종이라는 목표가 없으면 게을러진다고. 야성이 사라지는 거예요."

특종과 탐사, 기사와 논픽션의 경계는 모호하다. 과거에도 그랬고 지금도 그렇다. 《김기철》은 어떻게 보아야 할까. 이 책은 보기에 따라 기사 같기도, 영미권에서 말하는 논픽션 같기도 하다. 픽션이 아니라고 해서, 사실을 다룬다고 다 똑같은 논픽션도 아니다. 보는 시각에 따라 얼마든지 이름표가 달리 붙을 수 있는 게 바로 이 장르다. 그의 생각은 어떨까.

실화 기반으로 50권 넘는 책을 쓰셨습니다. 논픽션을 어떻게 생각하는지 궁금합니다.

일단 내가 쓴 건 다 논픽션입니다. 어쩌면 미국에서 말하는 논픽션에 가까울 지도 모르겠습니다. 자동차 안전문제를 다룬 랄프 네이더Ralph Nader의 《Unsafe at Any Speed(안전한 속도는 없다)》(1965)나 기름을 싣고 다니는 배 이야기를 그린 노엘 모스테르트Noël Mostert의 《Supership》(1975), 이런 작품이 1960-1970년대 미국을 대표하는 논픽션인데, 둘 다 재밌게 읽었어요.

제가 쓴 기사나 책들도 비슷하다고 생각합니다. 가령 쿠웨이트에서 울산까지 20만 톤짜리 유조선 타고 온 경험이 있어요. 월간 《마당》에 5회 분량으로 글을 썼죠. 배와 바다에 관한 항해기 같기도, 르포르타주 같기도 한 기사인데…. 위 작품들에 영향을 받았다고 할 수 있습니다.

그렇다면 논픽션 작가와 저널리스트는 어떻게 구분할 수 있을까요?

음, 논픽션 작가는 논픽션을 문학적으로 표현하는 사람들이 아닐까 싶네요. 20세기 최고 논픽션이 뭡니까? 저는 조지 오웰의 《카탈로니아 찬가》(1938)를 꼽습니다. 조지 오웰은 사회주의 운동가죠. 자기 양심에 따라 스페인 내전

때 공화파 지원군으로 참전해 총도 맞고 다치기도 하고…
그러다 권력 투쟁에 휘말려 스탈린주의자들에게 사냥당하
는 입장에서 긴박하게 쓴 게 이 작품인데, 상당히 문학적입
니다. 기자가 쓴 것과는 확실히 달라요.

1930년대 파쇼와 싸우다가 공산주의자들이 마치 선
인 것처럼, 정의인 것처럼 알려져 있었는데, 이 책을 통
해서 그놈이 그놈이다, 다 똑같다는 걸 알렸어요. '위대한
각성'을 한 셈이죠. 그렇게 돌아와서 쓴 책이 《동물농장》
(1945), 《1984》(1949)예요. 이 작품들이 가져온 변화가 어
떻습니까? 다시 말해, 역사를 바꾼 거예요. 논픽션에 대해
얘기할 때 작법보다는 책이 만들어낸 영향력 쪽에 초점이
맞춰져야 한다고 봅니다.

———

'영향력'이란 표현에서 그가 추구해온 저널리즘의 윤
곽을 볼 수 있었다. 논픽션의 영향력이란 결국 활자로 사람
의 생각을, 나아가 사회를 바꿀 수 있느냐를 말하는 것이
고, 짐작건대 이것이 그가 기자와 논객을 오가며 천착해온
주제일 것이다.

그래서인지 몰라도 그와의 대화는, 잠깐만 한눈을 팔

아도 이념과 사상 쪽으로 흐르곤 했다. 흥미로웠다. 언론에 대해서건 이념에 대해서건 그의 입장은 단호했다. 인간과 사회를 바라보는 세계관이, 철학이, 구분선이 누구보다 명확해 보였다. 그 모습을 보고 있자니 1970-1980년대 기자 조갑제와 2000년대 이후 논객 조갑제를 구분하려 드는 일각의 태도가 틀렸을지도 모르겠다는 생각이 들었다.

물론 두 번의 만남으로 사람을 다 파악할 수는 없는 일이다. 하지만 그가 예나 지금이나 별로 변한 게 없으리라는 확신이 드는 건 어떤 관성 때문이다. 그는 '특종'이란 얘기만 나오면 눈빛이 달라졌다. 표정이 누그러지고 입가에 감출 수 없는 웃음이 번졌다. 몸에 쌓인 오랜 기억, 습관일 것이다. 외람된 말이지만 나에게는 그 얼굴이 '재밌어 죽겠다'고, '그렇지 않느냐'고 되묻는 것처럼 받아들여졌다. 그 순도 높은 열망이란, 보고만 있어도 혀를 내두를 정도였다. 50년 넘게 같은 일을 해온 사람이, 여든을 바라보는 황혼에, 이렇게 말할 수 있는 경우가 과연 몇이나 될까? "지금도 나는 특종을 쫓아요. 여전히 특종을 쓰고 싶어요. 아주 짜릿하죠. 특종만큼 재밌는 것, 세상에 없다고." 50년 전의 조갑제도 마찬가지였을 것이다.

마지막으로 그에게 "혹시 후배 기자들에게 전하고 싶은 말이 있으시냐"며 계획에 없던 질문을 던졌다. 그의 말을 활자로 더 남겨둬야 할 것 같다는 의무감이 부추긴 질문이다.

"기록으로 남으려면 긴 기사를 써야 합니다. 작품으로 남으려면. 단편적인 것 말고 종합적이고 심층적인 것. 그걸 권하고 싶어요. 심층적으로 쓰려면 주제를 구체적으로 잡아야 합니다. 글을 쓰게 되는 동기는… 역시 호기심이라고 봐요. 기자를 움직이는 건 명예욕, 정의감, 호기심, 이 세 가지인데… 그중에서도 가장 중요한 게 호기심입니다. 명예욕이나 정의감이 없어도 글을 쓸 수 있지만, 호기심이 없으면 쓸 수 없습니다. 호기심을 잃지 않길 바랍니다."

저널리즘, 논픽션, 특종

팩트는 어떻게 드라마가 되는가

스토리 시장의
실화 중개상

고
나
무

"뛰어난 논픽션은 아름답고 화려한
글쓰기가 아닌 단단하고 치밀한
구성이 더욱 돋보이는 글이에요."

고나무

인생과 직업은 스토리로 가득하다. 직업 소재 및 실화 모티프 범죄스릴
러·웹툰·웹소설 기획사 팩트스토리 대표. 전 실화 논픽션 작가. 논픽션
《악의 마음을 읽는자들》(권일용 공저),《독재자의 비밀-전두환을 읽는 31가
지 방법》을 썼다. 관훈언론상(2014), 한국기자상(2017) 등을 수상했다.

"버스 정류장 주변에는 주택가가 없었다. 정류장은 금속 기계류 중소기업 단지 내에 있었다. 공장과 공장 사이에는 꽤 거리가 있었다. 권일용은 추정 실종 시간 전후에 해당하는 몇 시간을 그 자리에 서서 주위를 살폈다. 말없이 고개를 돌리며 모든 풍경을 천천히 시야에 담았다. 바람을 느끼고, 귀를 열어 소리를 들었다. 범인이 보고 듣고 느낀 모든 감각을 똑같이 추체험하려 했다."

　　논픽션 《악의 마음을 읽는 자들》(2018, 이하 《악마음》)의 한 단락이다. 시나리오의 한 대목을 옮긴 것 같은 묘사다. 공장 단지의 버스 정류장이 눈앞에 펼쳐지고, 그곳에 서서 말없이 주위를 살피는 프로파일러의 모습이 선명하게 그려진다. 경찰청 1호 프로파일러(범죄행동분석관) 권일용의 일화를 담은 이 작품은 그의 활동을 설명하는 대신 보여준다.

'보여주는 글쓰기'의 힘은 드라마를 통해 더욱 분명히 드러났다. 2022년 1월 SBS에서 방영된 동명의 드라마는 원작에 소개된 에피소드를 바탕으로 국내 첫 경찰 프로파일러의 탄생 과정과 활약상을 근사하게 재현했다. 방영 내내 찬사를 받은 현실감 넘치는 묘사 역시 대부분 원작에 따른 것이었다.

고나무 팩트스토리 대표는 은퇴한 권일용 교수(동국대 경찰행정학과)와의 오랜 인터뷰와 현장 검증, 다른 프로파일러와 동료 경찰관 및 피해자 등을 세밀하게 취재했고, 이를 기반으로 권일용과 함께 《악마음》을 썼다. 《한겨레》 베테랑 기자였던 그의 오랜 꿈은 범죄를 소재로 한 편의 영화 같은 논픽션을 쓰는 것이었다. 그 꿈을 현실로 이뤄낸 스토리가 궁금했다.

《악마음》은 한국에서 보기 드문 기자가 쓴 논픽션이자 이를 원작으로 드라마가 만들어진 첫 사례라고 할

수 있죠. 드라마도 큰 흥행을 거뒀고요. 책을 쓰게 된 계기가 궁금하네요.

범죄가 인간과 사회를 들여다볼 수 있는 창이라는 생각을 기자 생활 후반부터 하기 시작했어요. 범죄문제 전문 기자가 되려 생각했죠. 색다른 범죄 기사를 써보려 노력했어요. 2013년 쓴 지존파 납치 생존자 여성 기사 등이 대표적입니다. 범죄 전문 기자를 꿈꾸었기에 권일용 교수님의 존재는 당연히 알고 있었고요.

그러다 2016년 출판사 편집자로부터 국내 1호 프로파일러인 권일용 교수님과 관련한 책의 집필 제안을 받은 것이 구체적 계기가 되었습니다. 인터뷰집을 저와 권 교수님의 공저로 내보자는 연락이었는데, 일문일답의 인터뷰어로 나서달라는 것이었죠. 저는 그 방식이 적절하지 않다고 생각했어요. 인터뷰집은 밀도가 낮고 영상화하기 어려운 데다 정교한 논픽션 글쓰기가 아니라는 문제의식이 있었습니다. 미국식 범죄 논픽션의 형태로 쓰면 좋겠다고 역으로 제안했습니다. 편집자가 이 제안을 환영해 출판으로 이어졌지요.

처음부터 논픽션을 쓰고 싶었던 건가요? 한국의 기자들은 '책을 쓰고 싶다'고는 해도, '논픽션을 쓰고 싶

다'고 생각하는 경우는 흔치 않은 것 같아서요.

　우선 우리가 보통 말하는 논픽션이라는 장르명은 조금 모호한 것 같아요. '픽션이 아닌' 책은 매우 많으니까요. 소설fiction 아닌 책은 모두 논픽션non-fiction이잖아요. 하지만 영미권에서는 실화를 취재해 한 편의 이야기로 정리한 장르를 '내러티브 논픽션'이라고 부르죠. 한국 기자들 사이에서는 이런 작업을 '내러티브 저널리즘'이나 '르포(르포르타주)'라고 부르기도 하는데, 이것도 정확히 딱 들어맞는 것 같지도 않아요. 스토리가 있는 논픽션, 즉 이야기 논픽션이라는 장르라고 보면 이해하기 쉽습니다. 스토리 논픽션이라는 용어는 미국 출판계나 언론계에서는 어느 정도 시민권을 얻은 걸로 알고 있어요.

　항상 이런 논픽션을 구현해보고 싶었던 게 사실이에요. 2007년 《한겨레》에 긴 호흡으로 트렌드를 다루는 'ESC'라는 지면이 생겼어요. 일간지 기자로서 이전에는 길어야 200자 원고지 15매 분량의 기사를 쓰다가 더 긴 기사를 써야 했던 것이죠. 완전히 다른 형태의 기사 쓰기를 고민하다가 본 게 미국 기자들의 논픽션이었어요. 그중에 《앗 뜨거워 Heat》(2007)가 있었죠. 미국의 주간지 《뉴요커》 출신의 문학 기자 빌 버포드Bill Buford가 쓴 책이에요. 정말 재미있는 스토리 논픽션이었습니다. 정말 충격적이었죠.

ESC팀에서 일하면서 이런 논픽션을 계속 찾아 읽었고 '나도 이런 걸 쓰고 싶다'고 계속 생각했으니까요.

앞에 말한 이야기 논픽션이라는 장르는 좀 생소한데, 어떻게 다르죠?

아주 거칠게 '철저히 사람 중심으로 취재 서술한 실화 사건 이야기'라고 표현해볼까요? 또는 한국 언론 용어로 '피플면 기사를 탐사보도처럼 취재한 것'이라고 비유할 수 있을지도 모르겠네요. 본질은 이야기, 즉 누군가 시간의 흐름에 따라 어떤 일련의 행위를 한 것이죠. 소설이나 드라마, 영화를 떠올리면 쉽습니다. 이야기를 구성하는 기본적인 요소로 이루어진 논픽션이라고 할 수 있죠. 출판시장에서는 회고록, 자서전, 인물 전기 등이 이야기 논픽션의 대표 장르일 겁니다. 한국 시장에서 아직 크게 발달한 장르는 아닙니다.

가장 중요한 게 장면과 캐릭터입니다. 이 두 가지가 데일리 저널리즘과 큰 차이라고 생각해요. 우선 장면이 이어지는 구조는 소설이나 드라마, 영화의 기본 구조와 같습니다. 영화는 장면scene이 계속해서 이어지죠. 이런 장면을 취재로 얻어낸 사실로 구성하는 것이죠. 캐릭터, 행동, 장면이 이야기의 3요소입니다. 소설가가 캐릭터와 장면을 상상한다면, 르포 논픽션 작가는 캐릭터와 장면을 취재한다고 말씀드릴 수 있습니다. 설명하지 않고 보여주라는 글쓰기 격언도 여기에 해당합니다. 계속해서 이어지는 장면 중심 구성을 통해 사건과 인물의 핵심을 전달하는 것이 보통 한국 출판시장의 설명형 지식교양 논픽션과 구별되는 점이죠.

그러니 기획 단계에서부터 어떤 장면으로 이야기를 진행할지 계획하고, 그 장면을 취재해서 구체화해나갑니다. 장면 중심의 구성과 취재를 반복하는 것이 이야기 논픽션을 쓰는 과정이라고 할 수 있겠네요. 《악마음》도 목차를 구성하는 단계에서부터 어떤 장면으로 구성할지 장면을 뼈대로 생각했어요.

논픽션에서 가장 중요한 것이 캐릭터예요. 데일리 저널리즘과의 가장 큰 차이점 같아요. 그 인물의 근본적인 동기, 말투와 버릇 등 인간성을 보여주는 디테일 등이 캐릭터이죠. 한국 기자들은 육하(5W1H) 취재를 집중 훈련받지만, 인물 취재는 별도로 훈련받지 않아요. 어렵고 복잡하며 정답이 없는 취재가 인물 취재죠. 저는 권일용 교수님을 한 인간으로 바라보고 전달하고 싶었어요. 《악마음》 드라마에 나오는 장면인데 가톨릭 묵주가 주인공의 차에 걸려 있고, 윤동주의 시집을 좋아한다는 장면이 나옵니다. 주인공의 선하고 차분하면서 감성적인 성격을 예측할 수 있게 하는 디테일이죠. 제가 실제로 취재하여 책에 쓴 내용이에요.

이야기는 장면 속에서 움직이는 캐릭터를 통해서 진행되는 것이잖아요. 이 캐릭터의 성격과 개성이 분명하게 드러나야 하는데, 이 역시도 설명해주는 게 아니라 앞서 보여줄 수 있어야 해요. 창작물이라면 지어내면 되지만, 이야기 논픽션에서는 이런 요소를 직접 취재해야 하죠. 일부러 물어보지 않으면 쉽게 알기 어려운 내용입니다. 가령 권일용 교수님은 개인적 특징과 관련한 저의 질문에 대해 "이런 것까지 물어봐야 해?"라고 물어보신 적도 있어요. 그럴 때마다 저는 저의 질문 의도를 설명했고 결국 답을 얻을 수 있었죠.

책을 보면서 인상 깊었던 장면이 드라마에서도 그대로 구현된 경우가 꽤 있어요. 예로 든 묵주 장면이 대표적이죠. 영상으로 표현하기 좋게 아주 구체적으로 묘사하고 있어요.

이 논픽션을 기획하면서 애초부터 드라마나 영화가 됐으면 좋겠다는 분명한 목표가 있었어요. 실제로 기획안을 짜고 집필하는 구체적인 단계에서는 이 목표가 더 선명하고 분명해졌어요. 초지일관했던 목표죠. 2016년《한겨레》에서 퇴사하기 전 이미 미국 FBI의 첫 프로파일러를 다룬 논픽션 《마인드헌터》(마크 올셰이커·존 더글러스, 2006·2017)를 두 번쯤 읽은 상태였고, 《인 콜드 블러드》(1965) 같은 범죄 논픽션도 여럿 읽었습니다. 이렇게 참고했던 많은 논픽션이 실제로 드라마나 영화로 제작됐거든요. 미국에서는 이런 실화를 다룬 논픽션 저작물이 드라마나 영화가 되는 것이 자연스럽고 중요한 분야로 여겨져요. 영상화를 목표로 삼은 것도 이런 사례들을 보고 영향을 받았기 때문이죠.

고나무는 《악마음》을 쓸 무렵 직업 소재 및 실화 모티프 범죄스릴러·웹툰·웹소설 기획사 팩트스토리를 설립했다. 드라마나 영화로 만들 수 있는 논픽션 스토리를 발굴·기획하는 것이 사업 중 하나다. 재미있는 이야기 논픽션을 쓰고 싶다는 생각이 어느새 창업으로 이어진 셈이다. 《악마음》에는 이야기 논픽션이 어떻게 드라마나 영화로 만들어질 수 있는지에 대한 고민도 함께 담겨 있다.

책을 집필할 때 영상화를 함께 고민한다는 게 익숙한 개념은 아닌 것 같아요. 특히 아직 제대로 된 논픽션도 많지 않은 한국의 상황에서는요. 영상화를 고민하

고나무

는 것은 논픽션 작법에 어느 정도 익숙해진 뒤 책을 쓸 때 해도 되는 게 아닐까요.

제 생각은 다릅니다. '영화적인 논픽션'이라는 표현을 쓰면 자주 듣는 반론이 있어요. '상업 드라마나 영화가 되는 인물이나 사건만 다루는 건 상업성만 좇겠다는 것이냐'라는 반론인데, 그렇지 않아요. 어떤 실화 인물이나 사건이 '영화적'이라는 것은 '돈이 된다'는 의미가 아니라, 사실은 '더 인간적인 의미를 가진다'라고 저는 생각합니다.

드라마적인 논픽션을 고민할 때 취재법과 접근법, 관점이 데일리 기사와 달라집니다. 영상적 관점은 사후적으로 택하는 것이 아니라 취재 단계에서 처음부터 유기적으로 연결된 것이죠.

저는 영상화를 고민하는 게 논픽션을 제대로 쓰는 방법이라고 생각해요. 앞서 거론한 것처럼 이야기 논픽션에서의 기본은 장면과 캐릭터입니다. 영상 제작자들이 가장 궁금해하는 것도 이 두 가지죠. 드라마와 영화를 상상하면 당연한 얘기예요. 캐릭터는 주연과 조연 등 개성 있는 등장인물이고, 장면은 화면에서 보여지는 모습 그 자체죠.

하지만 이런 장면과 캐릭터는 묘사는 일반적인 데일리 기사나 지식교양서에서는 보이지 않는 요소죠. 기사나 논문 같은 글의 단위는 메시지이기 때문이에요. 메시지가 중심인 글은 장면과 캐릭터가 없으니 영상으로 만들 수가 없겠죠. 논픽션은 소설과 마찬가지로 글을 이루는 기본 단위가 장면이라고 했죠. 흥미로운 캐릭터를 가진 인물이 장면 속에서 움직이죠. 영화도 같아요. 완성도 높은 이야기 논픽션을 쓰는 것 자체가 영상화의 가능성도 높다는 것이에요.

10년 전쯤 고나무 당시 기자의 '기획기사 쓰기' 강의를 들은 적이 있다. 다양한 기사 유형을 소개하는 가운데 특히 '내러티브 저널리즘'에 대한 내용이 인상적이었다. 소설의 기법을 활용한 기사를 말한다. 많은 수강생이 내러티브 기사를 써보겠다고 했다. 그는 "많은 사람들이 내러티브 기사를 글쓰기 방법론으로 착각하는데, 실제로는 내러티브식 취재가 더 중요하다"고 했다. 내러티브 저널리즘은 사실 이야기 논픽션과 같은 개념이다.

이야기를 구성하기 위한 취재를 항상 강조하는 것 같아요. 그런데 일반적인 글쓰기에 익숙한 대다수 사람들은 캐릭터나 장면 취재라는 개념도 생소할 것 같아요. 어떤 방식으로 시작해야 할까요.《악마음》의 취재 방식을 좀 소개해주세요.

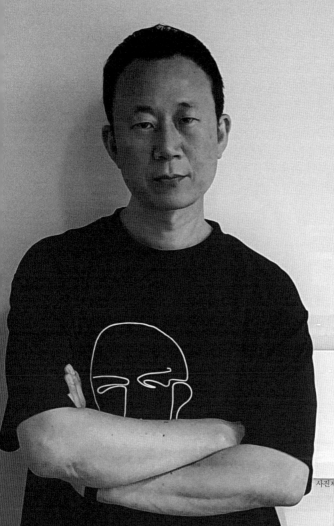

"소설가가 캐릭터와 장면을 상상한다면, 르포 논픽션 작가는 캐릭터와 장면을 취재한다고 할 수 있습니다. 설명하지 않고 보여주라는 글쓰기 격언도 그렇습니다."

FAC
STO

사진제공 고나무

차별성이 무엇일까를 고민했어요. 기획 단계에서는 일단 '권일용'으로 검색되는 주요 언론사의 기사를 20년 치 정도 찾아보는 것으로 시작했죠. 지금과 달리 2016년 《악마음》 집필 시점에는 권일용이란 인물이 대중에게 널리 알려지지 않았으니까요. 기자들은 사건 사고가 생기면 전화를 걸어 물어볼 전문가가 필요하잖아요. 그의 멘트가 담긴 기사가 꽤 있었어요. 기사를 모아 읽어보면서 비어있는 게 무엇인지 생각해보았죠. 직업인으로서 프로파일러의 고민, 활동, 갈등, 존재하지 않았던 팀이 경찰 조직 내부에 생기는 과정, 권 교수님이 처음으로 작성한 프로파일링 보고서 같은 것들이죠. 사실 중요한데 아직 아무도 취재하지 않은 그 지점들을 중심으로 취재를 시작하기로 한 것이죠. 그런 관점과 사실이 기존 데일리 기사에 빠져 있다고 생각했거든요.

취재는 총 1년 6개월 정도 걸렸습니다. 사람 만나고, 자료 수집하는 시간이 대부분이었고요. 중요한 장면이 벌어진 장소에는 직접 찾아가보기도 했죠. 본격적인 취재는 자료를 수집하고 기사를 찾아 정리하는 것을 제외하면 결국 사람들을 찾아 만나는 것이죠. 권일용 본인뿐 아니라, 권일용에 대해 알고 있는 사람, 권일용과 함께 일한 사람들을 찾아 만나야 했어요. 요컨대 저의 목표는 '권일용 되기'

또는 '권일용 추체험'이라고 할 수 있었죠.

충분한 취재라는 것에 정량적 기준은 없겠지만, 저는 권일용의 주변 인물을 얼마나 만났느냐로 취재 진행을 수치화했습니다. 정해진 숫자는 없습니다만, 한 인물을 중심으로 이야기 논픽션을 쓰려고 하는 작가나 기자라면 '이 정도면 쓸 수 있겠다는 확신이 생긴다' '이 사람의 다른 면을 충분히 봤다'고 생각되는 수준까지 취재해야 한다는 생각이었죠. 예를 들면 스티브 잡스의 전기를 쓴 월터 아이작슨Walter Isaacson은 122명 정도를 인터뷰했더라고요. 꽤 많은 숫자입니다. 스티브 잡스 정도 되는 사람이기도 하고 논픽션 문화가 발달한 미국이라 가능한 일이죠.

저는 취재를 위해 접촉한 게 32명, 실제 만난 것은 20여 명 정도였습니다. 한국에서 이 정도 숫자의 사람들을 만나 인터뷰하고 쓴 논픽션은 많지 않았던 것 같아요.

상당히 긴 취재였네요. 보통 인터뷰를 한다고 하면 '어떤 일이 있었는지' '무슨 생각인지'를 묻고 정리하잖아요. 장면과 캐릭터를 확인하는 논픽션 취재는 보통의 인터뷰와는 어떻게 다를까요?

디테일 취재가 중요합니다. 한 인물과 그가 겪은 사건들에 대한 경험과 기억의 디테일을 최대한 취재해야 하니 우선 그에 필요한 항목을 미리 정리해두죠. 저는 인물의 캐릭터를 풍성하게 하는 것, 그리고 장면을 구체적으로 묘사할 수 있는 요소를 미리 고민해서 엑셀과 워드를 이용해 항목으로 만들어놓고 취재를 해 적어둡니다.

취조실에 있는 장면을 쓴다고 생각해보죠. 형광등은 무슨 색인지, 방은 몇 평이고, 어떤 물건이 있었고, 누가 있었는지 같은 내용이 기본적으로 취재가 돼야 합니다. 이렇게 장면을 취재할 때는 현장에 직접 가보는 것이 기본이고, 갈 수 없다면 도면이 있는지, 혹은 CCTV 영상이 있는지도 확인해줘야겠죠. 결국 이런 자료를 확인할 수 없다면 인터뷰로 알아내야 합니다. 소설이 아니기 때문에 사실대로 묘사하려면 취재가 돼야 하기 때문이에요. 스토리 논픽션도 스토리이므로 작은 팩트의 레고 블록을 쌓아 이야기를 만들어야 해요. 다만 웹툰 작가는 레고 블록이 없어도 창작하면 되지만, 스토리 논픽션 작가는 하나하나 취재해 얻어야 합니다. 취재가 안 되면 그 레고 블록 없이 쌓아야 하고요.

일반적인 기사라면 이런 것들은 확인할 필요도 없겠죠. '취조했다'는 개념적 사실만 확인하면 되니 인물과 장면 취재는 안 하게 되고 결국 영화나 드라마로 발전하기 어려운 것이죠. 영화나 드라마가 되는 것 자체가 최고의

고나무

목적은 아니지만, 디테일이 살아 있는 묘사는 결국 독자로 하여금 더 잘 공감하게 만들고 그럼으로써 결국 그 글의 메시지에도 더 잘 공감하게 만듭니다. 디테일이 살아 있는 스토리가 역설적으로 더 큰 공적 가치를 가질 수 있는 것이죠.

인물에 대해 묘사하는 경우라면 종교나 취미, 타는 차의 종류, 가족 관계 등 인물을 풍부하게 보여주는 대상은 모두 취재해야 할 대상이죠. 미리 만들어둔 취재 항목의 빈칸이 채워질수록 인물을 더 풍성하게 묘사할 수 있겠죠.

스티븐 킹이 쓴 작법서 《유혹하는 글쓰기》(2000)를 보면 묘사를 과하게 할 필요가 없다는 대목이 나옵니다. 독자들이 상상해낼 수 있기에 과한 묘사는 불필요하다는 것인데요. 논픽션도 마찬가지 아닐까요? 굳이 묘사할 필요가 없는 세세한 것까지 취재할 필요는 없지 않나요?

취재와 묘사는 다릅니다. 취재를 하고 묘사는 하지 않을 수도 있죠. 저는 나중에 묘사는 하지 않더라도 필요한 취재는 일단 다 하자는 '취재주의자'에 조금 더 가깝습니다.

이야기 논픽션을 취재한다면 취재의 최저치가 존재

한다고 생각해요. 취재 결과가 과하다 싶으면 나중에 쓰지 않고 덜어내면 돼요. 핵심적인 장면이라면 최대한 자세하고 세밀하게 취재하는 게 기본입니다. 연쇄살인범을 면담하는 과정이라면 테이블이 몇 개이고, 어떤 옷을 입었고, 혹시 수갑을 차고 있었는지, 찼다면 어느 쪽 손에 찼는지, 마시는 물이 어떤 컵에 담겼고 테이블의 어디에 놓여 있었는지, 누가 동석했는지 같은 세세한 사항은 취재해야 상황과 인물의 전모를 파악할 수 있다고 저는 생각하는 쪽이에요. 다만, 스토리텔링적으로 묘사하는 단계에서 필요에 따라 취재한 팩트를 다 쓰지 않고 덜어내면 되겠죠.

영화와 드라마가 될 수 있는 실화를 발굴해 논픽션으로 쓰는 일에 관심이 많지만, 그가 쓴 글은 문장만 놓고 보면 오히려 평범한 주간지 기사와 비슷했다. 논픽션을 '문학적 저널리즘'이라고도 부르는 데 견줘 그의 글에선 아름다운 문장을 추구한 흔적은 찾기 어려웠다. 이에 대한 생각이 궁금했다.

글쓰기는 어땠나요. 일단 문장만 놓고 보면, 흥미진진한 내용을 담고 있으면서도 평범한 기사를 읽는 기분입니다.

일반적인 기사에 가깝게 평범한 문장으로 썼으니까요. 우선 《악마음》의 경우 200자 원고지 700매 분량의 초고 집필에 약 4개월 정도 걸렸으니 빨리 쓴 편이라고 해요. 기사 쓰듯이 썼거든요. 논픽션 작가로서 쓴 글과 기자였을 때 쓴 글이 스타일 면에서도 다르지 않았어요. 분량의 차이가 있을 뿐, 쓰는 방식은 같았다는 뜻이에요. 원래 빨리 쓰는 편이거든요. 기자 생활을 할 때도 마감이 늦은 적이 없었어요. 중요하게 생각한 것은 스토리를 끌어가는 적당한 분량에 리듬감을 갖고 쓰는 거라고 생각해요.

화려한 문장이 보이지 않는 것은 당연한 일이에요. 저는 딱히 미문을 추구하지는 않았습니다. 농담처럼 "아무나 김훈처럼 쓸 수 없다"고 말하곤 해요. 저는 미문주의자가 아니에요. '글 좋다'는 말은 '맛있다'는 말만큼 허망하죠. 제게 '좋은 글'은 미문보다는 잘 구성된 글을 의미하거든요.

뛰어난 논픽션은 아름답고 화려한 글쓰기가 아닌 단단하고 치밀한 구성이 더욱 돋보이는 글이라고 생각해요. 스타일리스트의 미문보다 짜임새 있는 수려한 구성이 실제 벌어진 일을 전달하는 데 적합하죠. 그래서 건조하고 객관적으로 쓰는 일반적인 기사 쓰기와 비슷한 것 같아요.

하지만 글의 구성·흐름이 독자가 읽고 멋지다고 느

끼도록 만드는 요소가 돼야 해요. 이 방식이 아름다운 문장을 쓰는 것보다 더 효과적이라는 게 제 생각이죠. 요리에서 소스보다 식재료의 구성과 레시피 자체가 중요한 것처럼요.

다만 좋은 비유법은 늘 신경 썼어요. 비유법은 누군가에게 낯선 사물을 단 한 문장에 전달할 수 있는 '급송 퀵'입니다. "프로파일러는 경찰 같은 심리학자가 아니라 심리학자 같은 경찰" 같은 비유법 문장은 드라마 대사로 그대로 사용되기도 했죠. 프로파일러를 마음의 심해를 탐험하는 '잠수부'에 비유하기도 했는데 다 같은 이유죠.

미국의 논픽션 《머니볼》(2003)을 쓴 마이클 루이스 Michael Lewis를 예로 들어볼까요. 저명한 논픽션 작가인 그도 미문가는 아닙니다. 저처럼 영어를 잘 못하는 사람도 원서를 평이하게 읽을 수 있을 정도죠. 하지만 흥미로운 에피소드를 발굴하고 이를 탄탄하게 맞물리도록 능수능란하게 글을 구성해요. 그의 책이 독자를 끌어들이는 비결이 여기에 있죠. 물론 그가 쓴 대부분의 논픽션도 영화로 만들어졌어요.

그럼 논픽션을 쓸 때 어떻게 구성하는 것이 가장 중요한가요? 어떤 주제로 글을 쓰느냐에 따라 달라질 테

고나무

니 정답이 없는 문제라는 생각도 드는데요.

스토리 논픽션의 구성법에 대해 이미 몇 가지 창작 이론이 존재해요. 대표적인 것이 장면 중심 구성이죠. 개념이나 메시지가 아니라 핵심 사건 중심으로 챕터를 구성하는 것이죠. 독자가 이입할 수 있는 논픽션의 주인공 인물을 초반에 설명해주는 것도 중요하다고 봐요. 독자들이 이 인물을 제대로 알고 이해하도록 하기 위해서죠. 인물을 조금이라도 알아야 공감할 수 있고, 그 인물을 따라 이야기를 계속 읽어가게 되는 것이죠. 독자가 공감할 수 없는 인물이라면 그 이야기를 끝까지 읽으려고 하지 않을 테니까요. 먼저 캐릭터를 보여주라는 이런 접근은 사실은 고전적인 스토리 창작 이론입니다.

2015년 쓴 〈지존파 생존자의 증언〉 연재 기사의 예를 들어볼게요. 1994년 지존파가 벌인 연쇄 살인 및 납치 사건이죠. 당시 납치되었다 탈출한 여성 생존자를 인터뷰해 1인칭 시점으로 썼어요.

이미 기존 언론에서 숱하게 다뤘던 20년 전 사건을 지금 다시 쓰는 게 의미가 있을까, 있다면 무얼까 생각했어요. '피해 생존자가 아직도 트라우마를 겪는다는 것'이라고 저는 봤어요. 문제는 지금의 젊은 독자들이 '20년 전 사건에 공감하게 만드는 것'이었습니다. 방법은 그 납치생존자에게 공감하도록 하는 것이었어요. 그래서 6회 분량의 연재 기사에서 1회차는 이 생존자가 누구인지를 보여주는 데 할애했죠. 이 사람이 어떤 사람인지 잘 알아야 공감할 수 있으니까요. 모르는 사람의 고통은 공감할 수 없거든요. 그리고 공감이 형성된 뒤에야 비로소 사건을 따라가 읽는다고 봤어요. 《악마음》을 쓸 때 참고했던 《마인드헌터》도 책의 초반에는 연쇄살인이나 수사 이야기가 나오는 게 아니라 존 더글러스가 어떤 청소년기를 보냈는지, 프로파일러가 되기까지 주인공의 과거를 설명하고 있어요. 인물의 배경을 이해할 수 있게끔 도와서 공감할 수 있도록 하기 위해서죠.

영상화에 고민이 많았다면, 애초에 시나리오를 쓰겠다는 생각은 없었나요? 오히려 그쪽이 영상화를 위한 더욱 확실한 방법 아닐까 하는 생각이 들어요.

지금은 상업 스토리 기획사 대표가 되었지만, 저의 뿌리는 명확히 저널리즘이에요. 대학 졸업하고 작가가 되겠다는 생각은 해본 적이 없어요. 기자 일을 재밌게 했고, 그러다 논픽션 작가가 되었고, 그러다가 다시 지금은 '취재를 많이 활용한 픽션·웹소설·웹툰 기획사' 대표가 되었죠.

일단 저 스스로 논픽션 작가라는 정체성이 있으니 논

픽션을 쓰는 것이 자연스러운 선택이었어요. 그리고 시나리오와 논픽션은 영상화의 재료가 될 수 있지만 근본적으로 다른 점이 있죠. 시나리오는 드라마나 영화를 위한 설계도예요. 건축물을 예로 들면, 우리는 설계도가 아닌 완성된 건물을 보고 아름답다고 이야기하잖아요. 시나리오가 아니라, 완성된 영화를 통해서 아름다움을 느끼는 것이죠. 영화가 되지 못한 시나리오는 그 자체로 완성된 이야기라고 할 수 있을까요.

하지만 논픽션은 그 자체로 완성된 건축물이에요. 영상화가 되면 좋겠지만, 그렇지 않아도 논픽션은 그 자체로 즐길 수 있는 콘텐츠죠. 영상화가 유일한 목표는 아니라는 뜻이에요. 다만 아예 스토리 기획자가 된 요즘은 시나리오를 써보고 싶기는 해요.

완성된 이야기가 중요하다면 논픽션 대신 소설을 쓸 수 있지 않을까 하는 생각도 들어요. 실제로 미국에서는 많은 논픽션 작가들이 소설을 썼고, 그 반대도 흔하죠. 논픽션은 사실을 그대로 써야 한다는 제한과 취재의 수고로움이 있잖아요. 실화를 모티프로 해서 사실적인 소설을 쓸 수도 있고요.

그래서 팩트스토리는 지금은 논픽션 기획사가 아니

라 리서치를 많이 활용한 픽션·웹소설·웹툰 기획사예요. 논픽션도 기획하지만 비중을 줄였고, 픽션을 더 많이 만들고 있어요.

실화를 소재로 했더라도 모티프만 활용한 픽션과 스토리 논픽션은 다른 종이라고 생각합니다. 물론 둘 사이의 경계가 흐릿하다는 관점을 가진 창작자들도 점점 많아지는 것 같아요. 가령 다큐를 '팩추얼 드라마'라고 부르는 분도 늘고 있죠. 하지만 저는 여전히 실화 모티프 픽션과 논픽션은 경계가 존재한다고 보는 입장이에요.

극적인 논픽션은 실제로 벌어진 사건을 다룬다는 힘이 있어요. 실화 모티프 픽션에는 없는 힘이죠. 논픽션의 매력은 익숙한 실존 인물과 실화 사건에서 낯선 깨달음을 주는 것이라고 생각해요. 아무리 사실적인 픽션이라도 이런 효과는 내기 어렵다고 봐요. 픽션의 매력과 강점도 있죠. 픽션과 논픽션은 서로 다른 장르라는 얘기예요.

개연성 차이도 있어요. 논픽션 대가이자 소설가인 톰 울프Tom Wolfe는 '픽션은 개연성을 가져야 한다는 점이 오늘날 픽션의 문제다. 그리고 개연성은 9·11테러 같은 사건을 본 사람들이 처음 떠올릴 단어는 아니다'라고 썼어요. 미국 뉴욕에서 벌어진 테러가 현실에서 일어날 법한 개연성 있는 사건이 아니라는 뜻이에요. 현실의 인물과 사건이

픽션 작가들의 '개연성'을 규정하는 데 역설적으로 영향을 끼치는 그런 시대에요.

논픽션은 그런 일을 고민할 필요가 없죠. 아무리 말도 안 되는 일이라고 해도, 실제 벌어진 일을 쓰는 것이기 때문에 개연성을 직접 설명할 필요가 없어요. 다만 개연성이 아니라 그 사건과 인물의 '왜'를 충분히 취재해서 담아야겠지만요.

논픽션을 쓰려는 기자들은 논픽션과 소설의 차이만큼이나 포털 사이트에 올라온 단신 뉴스와의 차이를 고민해야 해요. 뉴스의 표면에서 보이는 것과 다른 각도에서 다른 깨달음을 주는 것이 논픽션의 역할이니까요.

논픽션 작가는 극적인 이야기를 다루지만 픽션 작가와 분명히 다른 면이 있는 것이죠.

일하는 방식도 다르죠. 픽션 작가는 조각가와 비슷해요. 혼자서도 조각을 통해 예술 작품을 만들잖아요. 하지만 논픽션 작가는 등반가와 닮았다고 봐요. 훌륭한 조각가는 방안에서도 훌륭한 조각가가 될 수 있죠. 하지만 훌륭한 등반가가 되려면 그는 방에 있어서는 안 돼요. 무조건 히말라야와 같은 산을 등반해야 한다는 뜻이죠. 방에 홀로 있는 엄홍길이 등반가일 수 있을까요? 논픽션 작가는 현실에 존재하는 인물이나 사건을 다뤄야 하기 때문에, 그 취재와 표현이 아무리 개성적이고 창의적이더라도 방 안에서 혼자 작품을 만들 수 없어요. 등반 루트를 새로 짜는 것이 창조적일 수 있지만, 그 실제 루트는 결국 산에 있으니까요. 반드시 실제 사건과 인물이라는 큰 산을 오를 때만 논픽션 작가가 될 수 있어요. 권일용 교수님과의 작업이 저를 논픽션 작가로 만들어준 것처럼요.

결국 오랜 시간 꿈꿔온 '논픽션의 영상화'에 성공했잖아요. 논픽션을 쓰는 것과는 또 다른 깨달음이 있었을 것 같아요.

내가 쓴 논픽션이 미국에서처럼 드라마가 됐으면 하는 목표는 있었지만, 실제 드라마가 된 건 매우 신기하고 기쁜 경험이었어요. 목표로 삼고 도전하는 것과 그 목표가 실제로 구현되는 것은 아주 다르더군요. 이전에도 영화로 제작된 논픽션을 책과 영화를 비교해보면서 이론적인 것을 많이 학습했다고 생각했는데, 직접 쓴 논픽션이 드라마로 제작되는 과정을 지켜보고 기획회의에 참여하는 것은 차원이 다른 일이더군요. 글을 쓰면서 상상했던 부분이 영상으로는 어떻게 구현되는지를 보며 비슷하거나 다른 점을 비교해보는 게 공부가 많이 됐습니다. 드라마의 각본 작업이나 실제 제작 과정에 참여하고 지켜볼 수 있었던 것도요. 이야기를 다루는 일 자체의 시각이 더 넓어진 계기가 됐죠. 드라마 PD님과 작가님에게 감사한 부분이에요.

이제는 기자나 작가가 아니라 기획자이자 사업체의 대표로서 다른 일을 하게 됐잖아요. 이전의 모습을 돌이켜 보면 아쉬웠던 점은 없었나요? 과거의 자신을 떠올리며 논픽션을 써보고 싶은 이들에게 조언을 남긴다면요.

글쎄요, 애초 기자가 될 때 '드라마가 되는 논픽션을 쓰겠다'는 원대한 목표를 갖고 기자가 되었던 것이 아니기에 무슨 말씀을 드려야 할까요. 자신의 일에 대해 끊임없이 생각하되, 매일매일 작은 것들을 실천하는 건 어떨까요.

저도 어느 날 갑자기 《악마음》을 쓸 수 있었던 것은 아니에요. 처음 신문기자로 일을 시작했을 때는 논픽션이 무엇인지도 몰랐고 고민하지도 않았어요. 그저 남들처럼 좋은 기사 쓰고 좋은 기자가 되고 싶을 뿐이었죠. 그러다 5년쯤 지나 이 직업의 미래를 고민하기 시작했고, 그러다 미국과 일본의 논픽션들을 읽기 시작했어요. 뛰어난 논픽션을 접하고 '나도 이런 걸 쓰고 싶다'고 계속 생각했죠. 내가 처한 현실 속에서 내 꿈을 테스트해보고 싶었습니다. 비숫한 시도를 해볼 수 있는 토요판팀이나 주간지인《한겨레 21》에 일부러 지원해서 옮겨 다녔어요. 논픽션 작법을 시도해보고 긴 호흡의 기사를 쓰기 위해서였어요.

논픽션을 쓰고 싶다면 어느 자리에 있든지 현실적으로 구현해볼 수 있는 생존 공간을 찾으면 어떨까요. 만약 기자라면 그것을 위해 동료들을 설득하고 소통해야겠죠. '당장은 못 해도 미래에는 논픽션을 쓸 거야'라면서 공부만 하고 있어도 안 된다고 생각해요. 학위를 따려고 회사에 다니는 것도 아니니 근로의 결과물로 무언가를 내놓아야 해요. 조직 안에서 다양한 기사 쓰기 경험을 조금씩 쌓아가면서, 욕먹기를 두려워하지 말고 하나라도 더 논픽션 스타일 기사를 쓸 수 있는 방법을 찾으면 어떨까요. 결국 생존해야 합니다. 시장이라는 현실 속에서요.

고나무는 기사를 '이야기 콘텐츠'라는 개념으로 접근한 1세대 기자라고 평가할 수 있다. 이전에도 문학적 글쓰기를 강조한 기자나 기사는 있었지만 정보 전달과 사회 비판 등의 언론 기능이 더 앞섰다. 고나무는 여기서 한 발 더 나아갔다. 웹소설, 웹툰, 드라마, 영화와 같은 스토리 시장

에서 실화가 주는 독특한 매력과 가능성이 통할 것이라는 믿음으로 "강 하나를 더 건너" 창업까지 했다.

기자, 그리고 작가인 그가 언론사를 떠난 것은 한국 언론에선 논픽션을 구현하기 어렵다는 한계를 보여주는 것일까. 아니면 실화를 다루는 전문가인 기자가 콘텐츠 시장에 도전할 수 있다는 가능성을 보여준 것일까. 그는 "언론인도 시장에서 생존할 수 있다는 걸 보여주고 싶다"고 했다. 그를 믿고 싶어졌다.

감춰진
비밀을
　들여다보는
일

첩보원을 닮은 기자

김
당

"첩보원과 기자는 닮았어요. 상대의
의도를 파악하고 경계를 허무는
것, 상대의 마음을 얻는 것, 이
일의 핵심이죠."

김당

국내 유일의 국정원 전문 기자로 통한다. 1990년대부터 안기부, 국정원
관련 굵직한 기사를 썼다. 《시사저널》《신동아》《오마이뉴스》《UPI뉴스》
에서 일했다. 1998년 시사주간지 기자로는 처음으로 한국기자상을 수상
했다. 소설가 김훈은 그를 "사실의 아들"이라고 불렀다. 《공작》《시크릿
파일 국정원》《시크릿파일 반역의 국정원》 등의 논픽션을 썼다.

첩보의 세계는 늘 비밀에 감춰져 있다. 그 내면을 들여다볼 기회는 쉽게 주어지지 않는다. 김당 기자는 그 비밀스러운 세계를 20년 넘게 들여다보며 대중에게 알려온 희귀한 존재다. 대부분의 한국의 기자는 특정 기관을 담당하는 '출입처' 제도 안에서 일하지만, 첩보의 세계로 진입할 수 있는 정보기관을 전문 출입처로 둔 기자는 그를 제외하면 사실상 없다(예컨대 국정원에 대한 기사를 써야 할 땐 주로 청와대 출입기자가 떠맡는다).

김당은 오랜 세월 정보기관 취재를 주특기로 벼려왔다. 그가 쓴 단독 저서가 모두 정보기관과 그들의 첩보 활동을 다룬 것만 보아도 그 실력을 짐작할 수 있다. 그가 이

분야의 전문 기자로 이름을 알린 것은 1998년 봄, 한 첩보원의 실체가 드러나면서다. 최초의 수평적 정권교체를 통해 김대중 정부가 출범한 직후인 그해 이른바 '총풍 사건'이 터졌다. 1997년 15대 대통령선거를 앞두고 당시 여당(한나라당) 인사가 북한 당국에 휴전선에서 무력시위를 벌여달라고 요청한 사실이 밝혀진 것이다. 이는 진보를 표방한 김대중의 지지세를 꺾고 한나라당 이회창 후보에게 유리한 국면을 조성하기 위한 정치공작으로, 선거 때마다 북한의 도발을 이용해 보수 표심을 자극해온 '북풍'의 실체가 드러난 사건이기도 했다.

이 일에 연루되어 수사 대상에 오른 국가안전기획부(안기부) 간부들은 자신의 혐의를 물타기 하려는 의도로 여러 공작 자료를 외부에 공개했는데, 여기서 공작명 '흑금성'이 거론됐다. 흑금성의 정체는 북한 최고위층의 핵개발 동향을 파악하기 위해 1994년부터 대북 사업가로 위장해온 안기부 공작원 박채서 씨다. 안기부 간부들이 자신이 살기 위해 대북 공작원의 신분을 스스로 노출한 것이다.

당시 언론은 그를 두고 온갖 추측성 보도를 쏟아냈다. 그런 가운데 홀로 돋보였던 것이 김당의 기사다. 오래전부터 박채서 씨와 접촉하며 그의 활동상을 파악하고 있었기 때문이다. 강산이 두 번 바뀐 후, 김당은 박채서 씨가 공작원으로 발탁된 과정과 이후의 첩보 활동의 전모를 밝힌 두 권짜리 논픽션《공작》(2018)을 세상에 내놓았다. 대북 사업가로 위장한 박채서 씨가 중국에서 북한 관계자들과 접촉하고 대선 기간에 벌어진 북풍 공작을 파악하고 알리는 과정, 신원이 공개된 이후 군사 정보 등을 북한에 넘긴 혐의로 겪은 고초까지 생생하게 그려낸 작품이다. 같은 해 개봉한 동명의 영화《공작》역시 작품성과 흥행을 모두 잡은 성공한 첩보물로 평가받았다. 김당을 만나 먼저 영화에 대해 먼저 물었다.

영화《공작》의 모티프가 실화라는 걸 알고 놀란 사람이 많아요. 그 실화를 그대로 풀어낸 것이 논픽션《공작》인데요. 보통은 책이 먼저 나오고 그걸 각색해 영화를 만들잖아요. 공작은 그렇게 제작된 것 같지는 않아요.

하루는 영화《범죄와의 전쟁》(2012)으로 유명한 윤종빈 감독이 저를 찾아왔어요. 고교 시절에 제 기사를 본 적이 있다고 하더군요. '흑금성'에 대한 기사였죠. 제가 팟캐스트에 출연해서 흑금성에 대해 이야기한 방송도 들었다고 해요. 영화를 만들고 싶다 해서 몇 번 이야기하다 수감 중이던 박채서 씨와 연결해줬습니다. 그렇게 말이 오가다가 박채서 씨가 출소했죠. 윤 감독이 박채서 씨를 직접 만나 이야기를 들을 수 있게 되면서 영화 제작도 본격적으로 진행된 것 같아요.

책 집필과 함께 진행된 것은 아니었군요?

책과 영화는 박채서라는 인물을 다루고 있지만 따로 제작됐어요. 시작은 영화 쪽이 먼저였는데 이후에 작업이 조금 늦춰졌죠. 그래서 의도치 않게 영화와 책이 비슷한 시기에 세상에 나왔습니다.

그럼 책은 어떻게 나오게 된 거죠?

박채서 씨가 출소할 무렵이었던 것 같은데, 그가 6년간 수감생활하면서 쓴 대학노트 네 권 분량의 수기를 딸을 통해 전해왔습니다. 책을 쓰고 싶다고 했죠. 본인의 어린 시절, 가족관계, 군인이 된 과정, 군 시절 에피소드와 함께 개인적인 생각을 기록한 자서전 형태였습니다. 저는 '책을 내겠다고 하면 감수는 해줄 수 있다. 하지만 나는 기자이기 때문에 대필은 해줄 수 없다. 대필 자서전이라면 다른 작가를 찾아보는 게 좋겠다'고 말했어요.

김당

박채서 씨가 저를 '김형'이라고 부르는데요. '김형, 이 사건을 가장 잘 아는 사람이 김형이고, 이 사건들을 직접 경험한 당사자이기도 하니 김형이 책을 내는 게 좋겠다'고 하더군요. 그래서 저는 책을 쓴다면, 1인칭 시점이 아닌 객관적 시점으로 서술해야겠다고 했고, 박채서 씨도 동의했습니다.

이미 자신을 모델로 삼은 영화가 제작되고 있는데 비슷한 이야기를 담은 책을 따로 내고 싶어 한 이유가 무엇일까요? 책과 영화는 다르다고 생각했던 걸까요?

아무리 사실적이라도 영화는 허구의 이야기일 수밖에 없으니까요. 박채서 씨는 자신의 과거를 실제 기록으로 남겨야겠다고 생각했던 것 같아요. 제가 자서전을 써줄 수는 없었지만, 저도 기자로서 박채서 씨를 오래 취재하기도 했고, 함께 움직인 적도 있으니 당사자이자 제3자인 기자로서 객관적으로 검증해 기록을 남겨봐야겠다는 생각이 들었죠. 사실대로 기록을 남겨야겠다는 것은 저도 이전부터 필요하다고 여겼으니까요.

워낙 큰 사건이고 영화 같은 이야기잖아요. 실제로 영

화화가 되었고요.

책에도 짧게 거론했는데, 1998년 총풍 사건 당시 참고인 조사를 받은 적이 있어요. 그때 담당이던 김오수 검사와 동향이어서인지 조사를 마치고 이런저런 대화를 나눴는데 '참 기가 막힌 사건인데, 책으로 써 보라'는 이야기를 지나가듯 하더군요. 저도 써보고 싶었지만 기자로 일하다 보니 생각보다 여유가 나지 않더군요. 오랫동안 마음에 담아만 왔어요. 20년쯤 지나 박채서 씨가 그 제안을 해왔을 땐 마침 일을 쉬고 있던 터라 여유가 있었습니다. 집필에 전념할 수 있겠다는 생각이 들었어요.

'드디어 때가 왔다'고 생각했을 것 같아요.

네.《공작》의 기본 골격은 1998년 4월에 쓴《시사저널》 커버스토리 〈흑금성과 신뢰 관계 16개월 취재 일기〉라는 기사에서 나왔어요. 200자 원고지 30-40매 분량의 짧은 기사죠. 하지만 사건의 큰 흐름이 잘 담겨 있었죠. 그래서 이 기사가 책의 시놉시스(요약본) 역할을 했어요. 당시에 저도 참고인 조사를 받으면서 수사 기록이나 재판 기록을 수집할 수 있었고, 몇몇 인물들을 인터뷰하기도 했거든요. 돌이켜 보니《공작》 집필에 필요한 취재를 이미 다 해둔 셈이었어요. 다시 자료를 꺼내서 살펴보고 정리하면 되

김당

니 마침 잘되었다고 생각했죠.

김당은 《공작》에 앞서 《시크릿파일 국정원》(2016), 《시크릿파일 반역의 국정원》(2017)을 썼다. 모두 국정원(과 그 전신인 안기부)을 중심으로 한 첩보의 세계를 다루고 있지만 전혀 다른 책이다. 먼저 쓴 두 권은 국정원이 국내 정치 및 사회 현안에 깊숙이 개입했던 일련의 '사건'이 핵심이다. 반면 《공작》은 박채서라는 '인물'이 서사의 중심이다. 《시크릿 파일…》이 정보기관 취재에 정통한 전문 기자의 분석과 해설로 이뤄진 책이라면, 《공작》은 스파이 박채서의 스릴러에 가깝다.

책은 대북 공작원 박채서의 동선을 따라 이야기가 전개되는 첩보 소설처럼 읽혀요. '실존 인물이 맞나' 하는 의문과 놀라움도 생깁니다. 박채서 씨는 어떤 사람이었나요?

박채서 씨는 육군 소령 출신으로 국군정보사령부의 대북공작단 공작관으로 일했어요. 공작관은 공작원을 관리해 첩보 대상으로부터 정보를 빼내도록 지휘하는 역할을 합니다. 그런데 군 정보기관의 공작관으로 활동하던 그에게 안기부가 접근한 겁니다.

안기부는 직접 공작 활동을 하기도 하고 군이나 경찰 등 정보기관을 통합 관리하기도 해요. 예산이나 공작 활동의 중복을 막기 위해서죠. 안기부에서 박채서 씨가 준비하던 공작이 꽤 마음에 들었나 봅니다. 북한 고위층이 중국에서 진행하는 외화벌이 사업을 역이용해 북 고위층과 연결되는 선을 만드는 것이었습니다. 그러다 대북 광고 사업을 추진하는 국내 업체를 통해 북한 내부에 잠입할 기회를 엿보게 됐고요. 안기부는 이런 공작이 괜찮다고 생각했는지 박채서 씨를 공작원으로 채용하고 정보사 공작을 통째로 가지고 와 직접 진행하기로 한 것이죠. 공작이 궤도에 오르면 답사 등을 명목으로 합법적으로 북한 전역을 다니며 카메라로 촬영할 수 있었기 때문에 더 매력적이었겠죠.

김당과 박채서의 첫 만남은 이 공작이 시작될 무렵 이뤄졌다. 《시사저널》에 보도됐던 정부의 '대북 밀가루 비밀 지원 사업' 폭로 기사를 보고 박채서 씨가 먼저 전화를 걸어온 것이다. 그는 기사의 사실관계를 확인해주면서 김당과 인연을 맺게 된다.

박채서 씨가 먼저 연락이 왔죠? 비밀스러운 일을 하는 정보기관의 공작원이 기자에게 스스로 다가오는

일은 흔치 않을 텐데요.

박채서 씨는 늘 위기의식을 느꼈던 것 같아요. 언제 발각될지 모른다는 두려움이 항상 있었죠. 발각되면 안기부에서는 '모르는 일'이라고 발뺌한 뒤 선을 끊어버릴 수 있으니까요. 그 밖에 다른 위험한 상황도 벌어질 수 있고요. 그래서 무슨 일이 있을 때 도움이 될 만한 기자를 알아두고 싶었던 것 같아요. 그 대상이 우연치 않게 제가 된 것이죠. 몇 차례 전화하고 만나면서 제가 알게 모르게 신뢰를 주었겠죠. 기사를 보고 취재력도 가늠해보았을 겁니다.

신뢰라는 게 오고 가는 것이잖아요. 책에서도 언급했듯 '정보기관의 역공작일 수 있다'는 걱정이 들었을 법한데요. 박채서 씨를 '믿을 수 있다'고 판단하게 된 계기가 있나요?

그의 정체가 드러나기 전까지 그가 먼저 대북 공작원이라고 말한 적은 없어요. 짐작은 했죠. 정보기관에 관련된 기사를 쓰게 되니 역공작을 조심해야 했어요. 처음에는 상당히 경계한 것도 사실입니다.

오랜 시간 만나오면서 자연스럽게 신뢰가 쌓였다고 생각하는데, 분명 몇몇 계기는 있었습니다. 한번은 이분 집에 간 적이 있어요. 공항 근처에서 만나기 편한 장소를 찾다가 간 것인데, 박채서 씨가 김포공항 근처에 살았거든요. 집에 들어가서 가족과도 만나고 예전 사진도 보았죠. 나에게 사생활을 노출시킨 것이 직접적으로 신뢰를 갖게 된 계기인 셈이죠.

그 외에도 북한에서 어떤 발표가 있을 것이라고 몇 개월 전에 미리 귀띔해주고, 실제로 일어나는 것을 확인한 일도 있어요. 그런 상황을 겪으면서 그의 말을 믿을 수 있게 됐죠. 이후엔 취재를 위해 사업가로 위장한 그와 함께 북한 관계자들을 만나고 방북하기도 했었죠. 이렇게 쌓인 신뢰가 《공작》을 쓸 수 있었던 배경입니다.

《공작》은 처음부터 끝까지 치밀한 국가 공작원의 세계를 그리고 있다. 1권은 1990년대 박채서 씨의 공작원 활동을 중심으로 전개되고, 2권에서는 신분이 탄로 난 그가 국가보안법 위반 혐의로 법정에 서는 상황까지를 다룬다.

책은 꽤 긴 시간의 이야기를 다루고 있습니다. 집필 계획을 세울 때 고민이 많을 것 같아요.

사건의 흐름은 잘 알고 있었습니다. 하지만 책으로 잘 읽히도록 정리하는 것은 다른 일이었죠. 우선 연표를 정리했어요. 언제 어떤 일이 벌어졌는지 한눈에 파악하기

김당

위해서였어요. 연표와 함께 중요한 사건을 중심으로 목록을 만들었습니다. 그런데 이 목록을 시간 순서대로만 나열하면 흥미가 떨어질 것 같더군요. 그래서 큰 틀에서는 시간 순서대로 사건을 풀어가면서, 중간에 과거의 일을 회상하는 장면을 집어넣었어요. 이런 방식으로 대강의 목차와 흐름을 정하고, 다시 취재 기록을 보면서 목차별로 내용을 더 세분화하는 방식으로 준비했어요. 2017년 12월 목차 구성 작업을 시작했는데, 최종 결정하는 데 한 달 정도 걸렸습니다.

목차를 완성하는 데도 오래 걸리네요.

목차를 제대로 구성해놓는 게 좋아요. 나중에 집필할 때 큰 도움이 됩니다.

집필 과정은요? 준비를 오래한 만큼 쓰는 시간은 줄었을까요.

그렇죠. 석 달 동안 두 권 분량을 썼습니다. 꽤 빨리 쓴 것 같아요. 토요일마다 등산을 다니는데, 그날 말고는 계속 썼습니다. 《시크릿 파일…》은 두 권을 2년에 걸쳐 썼으니 《공작》은 정말 빨리 쓴 셈이죠. 소속도 없을 때였는데, 근무 시간에 일하는 것처럼 계속 썼어요. 일단 목표는 하루에 30-40매를 꾸준히 쓰는 것으로 잡았죠. 잘 써질 때는 100매도 쓰지만 한번 막히면 진도가 안 나가잖아요. 그래도 매일 30-40매는 쓴 것 같습니다. 1000매 이상은 돼야 책으로 낼 수 있다고 생각해서 열심히 썼던 기억이 나요.

상당한 분량인데요? 하루에 많아봐야 10매 정도 쓰는 일간지 기자들은 긴 글을 쓰기 힘들어 하는 편인데요. 아무래도 주간지와 월간지에서 주로 일했던 것이 도움이 됐을 것 같아요.

시사 주간지에서 10년 넘게 일했고, 월간지에서 3년을 일했죠. 긴 글 쓰는 훈련은 되어 있다고 봐요. 주간지 커버스토리는 20-40매, 월간지에선 100매를 썼죠. 구상을 마치면 대개 밤을 새워 하루면 썼습니다. 그때는 담배를 피웠는데, 마감하고 나면 재떨이가 수북해졌죠. 그때 훈련한 것이 책을 쓰는 데 도움이 됐죠.

그렇다고 해도 말이 쉬워 30-40매지, 글이란 게 막힐 때가 많잖아요. 나름의 대처법이 있나요?

글쓰기 훈련이 되어 있다지만, 매번 잘 써지는 것은 아니죠. 저는 초고를 가급적 완성도 있게 쓰는 스타일입니

김당

다. 최대한 모양새를 갖춰서 초고를 정리합니다. 그러니 초고부터 글이 안 써지면 정말 힘들어요. 그럴 때는 산책을 하는 게 제일 좋더라고요. 집이 북한산하고 접해 있어서 글이 안 나오면 후다닥 올라갔다 옵니다. 혼자 산행하면서 생각을 정리하는 거죠. 막히는 부분을 머릿속으로 정리하면서 산을 오르다 보면 착상이 떠오르기도 하거든요. 그럼 길바닥에 앉아서 휴대폰을 꺼내 메모해둡니다. 그리고 집에 가서 정리하는 거죠.

글 쓸 때는 주로 어떤 것을 중요하게 보나요. 스타일이라고 할까요. 아름다운 문장, 혹은 반대로 건조한 문체를 강조하는 작가들도 있잖아요.

집필할 때는 취재한 사실을 어떻게 하면 조금 더 설득력 있고 더 현실적으로 전달할 수 있을까 하는 데 가장 중점을 둡니다. 문장의 아름다움 같은 요소는 전문 소설작가라면 몰라도 기자 출신인 저는 크게 염두에 두지 않습니다. 다루려는 이야기와 사건 자체가 굉장히 드라마틱하니까 사실적으로 잘 전달되기만 해도 흥미로울 것이라고 생각했어요. '사실적으로 쓰자'는 게 저의 글쓰기 전략이죠.

그의 말마따나 《공작》은 사실로 범벅이 된 책이다.

아무리 논픽션이라지만 이 정도로까지 취재해서 쓸 필요가 있었을까 하는 의문이 들 정도다. 자동차 번호나 호텔방 번호 같은, 어찌 보면 불필요한 내용까지 하나하나 기록한 대목에서는 '디테일의 과잉'을 떠올리기도 할 만큼. 가장 눈에 띄는 것은 방대한 실존 인명이다. 김당은 거론해야 할 인물을 적당히 익명이나 가명으로 감추지 않는다. 실존 인물의 등장은 일견 집착에 가까운 디테일과 함께 《공작》의 세계에 현실성을 부여하는 핵심 장치로 작동한다.

이름이 정말 많이 나와요. 가명은 없고 다 실명으로요. 유명 정치인이나 정보기관의 고위 관계자들도 있죠. 기자들은 보통 실명을 거론하는 데 부담을 느끼잖아요. 항의를 듣거나 명예훼손 시비가 일어날 수도 있고요. 'A씨' 혹은 '김 모 씨'처럼 이름을 가리거나 가명을 사용하는 일도 흔한데, 실명을 고집한 이유가 있을까요?

기본적으로 '사실대로 쓴다'는 원칙에 따른 것입니다. 실제 벌어진 일이라고 믿지 못할 수도 있는 독자들의 신뢰도를 높이기 위해서이기도 해요. 하지만 실존 인물의 이름을 책에 거론하는 것은 부담스러운 일이죠.

책 속에 등장하는 정치인은 대부분 저와 잘 알고 지

내는 분들입니다. 국정원 간부들도 그렇고요. 다 좋게 쓴 것도 아닙니다. 부담이 되긴 하더라고요. 그래도 제대로 취재된 내용이라면 부담이 덜합니다. 사실을 뒷받침하는 재판 기록 등을 입수한 상태였으니, 그 안에 담긴 이들의 이름을 실명으로 쓰고 실제 있었던 일이라고 힘주어 말할 수 있는 것이죠. 익명이 아주 없지는 않습니다. 서문에 "이 책은 99%의 사실과 1%의 허구로 이뤄졌다"고 했는데, 한두 사람을 불가피하게 익명으로 쓴 것을 염두에 둔 표현이었어요.

하지만 원칙은 이름을 포함해 취재된 사실을 그대로 쓰는 것입니다. 사실이 가지고 있는 힘은 그대로 전달했을 때 드러나요. 감춘다면 그 힘도 줄어들겠죠. 게다가 휘발성이 강한 기사와 달리 책은 기록으로서의 가치가 크잖아요. 기사에서는 익명으로 썼던 인물도 책에서는 실명을 밝혔습니다. 책에서 다루는 이야기들은 북한을 상대로 한 첩보 공작이면서 국내 정치에 정보기관이 개입한 정치 공작이기도 해요. 그래서 제대로 된 기록으로 남겨야 한다고 생각했어요.

기사와 책은 서로 다르고, 책이라면 더 엄격한 기준을 갖고 써야 한다는 뜻으로 들리네요.

기사와 책은 분명히 다르다고 생각해요. 책은 기사보다 훨씬 숙고해야만 완성될 수 있습니다. 기사는 우선 책보다 분량이 적죠. 더 중요한 차이는 기사가 일상적인 사건을 다루며 일상에서 소비되는 장르라는 점이에요. 책은 좀 더 특별한 주제를 다루고 더 깊은 의미를 포착해 긴 호흡으로 쓰고 읽힙니다. 작가가 충분히 고민하지 않으면 완성도 높은 책이 나오기 어렵죠. 한 편의 논픽션을 완성하려고 한다면 당연히 더 엄격한 기준이 필요하지 않을까요.

책에는 '기자 김당'이 등장합니다. 작가 본인이 사건 속 인물로 나오는 건데요. 이 역시도 보기 드문 작법입니다. 일반적인 기사에서 '기자가-'라고 쓴 뒤 직접 경험한 내용을 서술하는 것과도 다릅니다. 철저한 관찰자의 입장에서 쓴다는 저널리즘의 기본 문법으로 봐도 이례적인데요.

《공작》은 박채서 씨의 이야기를 중심으로 다루고 있지만 그 사건을 당시 기자였던 저도 옆에서 지켜보고 관찰했잖아요. 이 사건을 다룰 때 김당 기자라는 인물을 아주 배제할 수 없었습니다. 그렇다고 갑자기 객관적인 화자인 1인칭 관점으로 당시 상황을 서술하는 것은 흐름상 어색하기도 하고 책의 취지에 맞지 않다고 봤어요. 제가 지켜본

"원칙은 이름을 포함해
취재된 사실을 그대로
쓰는 것입니다. 사실이
가지고 있는 힘은
　　그대로 전달했을
때 드러나요.
감춘다면 그 힘도
줄어들겠죠."

사진 문재원

장면과 직접 경험한 상황들은 이 사건의 흐름에서 중요한 부분이었습니다. 제외시킬 수도 없었어요. 결국 김당 기자라는 인물을 등장시켜 그가 지켜본 관점을 함께 서술해주는 것이 이 이 책의 객관성을 더하면서 이야기를 풍부하게 만드는 방법이라고 판단했습니다.

김당은《시사저널》에서 기자 생활을 시작해《신동아》《오마이뉴스》《UPI뉴스》를 거쳐 2023년 은퇴했다. 출퇴근 생활에서 놓여났으니 여유를 만끽할 법도 하건만, 그는 오랜 취재 자료를 정리하는 데 공을 들이고 있다고 했다. 기다란 기자 경력만큼 자료도 높이 쌓였을 것이다. 그가 글을 쓸 수 있는 토대이며 어쩌면 그의 기자 생활의 정수라고도 할 기록과 자료에 대한 노하우가 궁금했다.

《공작》도 그렇지만《시크릿파일…》역시 방대한 기록 위에서 축조된 작품이란 걸 알 수 있습니다. 그간 쌓아온 취재 기록이 얼마나 될지 짐작하기도 힘든데요. 이런 자료는 어떻게 관리하죠?

국정원 관련 자료가 많은데 굉장히 두껍습니다. 국정원에서 국회 정보위나 인사청문회 때 제출한 것들이죠. 이런 자료는 제출 후 2주 정도 지나면 국정원에서 수거해갑니다. 그 전에 따로 챙겨두지 않으면 사라지는 것이죠. 미리미리 복사해둬야 해요. 그렇게 보관한 자료들이 쌓였죠. 이런 자료는 저만 가지고 있는 것 같아요. 국회의원이나 보좌진은 계속 바뀌고, 국정원도 직원들이 계속 바뀔 테니 이런 자료를 누군가 모아서 가지고 있을 리 없는 것이죠. 조금 오래된 자료들은 저만 가지고 있을 거예요.

남들처럼 박스에 정리해 보관해뒀는데, 요즘은 스캐너를 구입해서 하나씩 전자화하고 있습니다. 필요한 자료를 쉽고 빠르게 찾아볼 수 있도록요. 1990년대부터 쓴 취재 수첩도 가지고 있는데 다시 보니 알아보기 힘들거나 정리하기 어렵더군요. 플로피디스크에 저장해 둔 자료도 있는데 그런 것도 사실 무용지물입니다. 자료라는 것은 원할 때 사용할 수 없으면 그 효능이 뚝 떨어지게 되죠. 자료는 저에게 정말 중요합니다. 문학적인 재능은 없어서 기록이 있어야 글을 쓸 수 있거든요.

의외네요. 특히 《공작》은 스파이 소설이 연상되잖아요. 기록이 있어야 글을 쓴다고 해도 스파이가 등장하는 영화나 소설, 회고록 같은 책을 보고 영감을 받았을 것 같은데 어떤가요.

책을 쓰기 위해 일부러 찾아 본 회고록들이 좀 있습

니다. 예전부터 첩보나 스파이 관련 책이 나오면 대부분 사서 모았죠. 회고록 같은 경우는 국정원이나 연구기관에 있다 오신 분들이 쓴 게 있으니 책을 내기 위해서가 아니더라도 정보기관에 대해 취재하고 공부하는 데 도움이 되죠. 이 분야를 오래 취재하면서 인연을 맺은 지인들이 책을 내게 되면 제게 보내주기도 합니다.

요즘은 영화나 소설을 많이 챙겨 보고 있습니다. 예전에도 스파이가 등장하는 영화라면 즐겨 봤지만, 이제는 퇴직했으니 시간에 구애받지 않고 더 자주 볼 수 있죠. 재밌게 본 작품으로 홍콩의 범죄조직과 경찰이 서로 위장 첩보원을 잠입시킨 《무간도》(2002)가 있어요. 이중스파이가 겪는 정체성의 혼란을 인상 깊게 그렸죠.《공작》을 쓸 때도 참고가 되었습니다. 기자 생활을 마치고 작가로서 더 활발히 활동하려고 하니 참고하게 되는 부분이 많아질 것 같아요. 영화를 많이 보려고 해요, 흥미로운 장면이나 이야기를 만나면 메모해뒀다가 참고하려고요.

기자와 스파이는 닮은 점이 있습니다. 정보를 다룬다는 점이 그렇죠. 물론 기자는 그런 정보를 대중에게 공개하는 게 목적이라는 점에서 스파이와 다르지만요. 박채서 씨는 실력 있는 첩보원이었는데, 기자로서

그에게 배운 점도 있을까요?

정치부 기자는 선거를 치르면 원숙해진다고 하죠. 사건 담당 기자는 큰 사건을 겪어야 성장한다고 하고요. 저는 뛰어난 특수공작원인 박채서 씨를 만나고 정보와 공작의 세계를 취재하면서 많이 성장한 것 같아요.

구체적인 노하우를 배웠다기보다 태도 같은 데서 깨달은 것들이 있어요. 가장 성공적인 첩보 활동은 공작 대상이 스스로 인식하지 못한 채 공작을 돕게 만들고, 중요한 정보를 누설하고 있다는 것을 깨닫지 못하면서 정보를 알려주도록 하는 것이라고 해요. 박채서 씨의 대북 첩보 활동은 이런 활동의 연속이었죠. 그를 취재하면서 정보를 어떻게 얻고 어떻게 다뤄야 하는지 많이 고민하고 배웠어요. 취재와 첩보 활동이 닮았는데, 상대의 의도를 파악하고 경계를 허물어야 하는 것과 상대의 마음을 얻는 것이 이 일의 핵심이죠.

그 외에는 성실함과 진심 같은 것이죠. 정보기관 취재가 쉽지 않잖아요. 만나기도 어려우니까요. 성실하게 계속 사람을 만나려고 하고, 소개받아 또 만나고. 진심으로 사람을 대하고 식사도 하고 술도 한잔 하면서 마음을 얻기 위해 계속 노력하죠. 앞서 말한 자료들도 성실하게 찾아다녀야 얻을 수 있어요.

2023년을 끝으로 기자직에서 은퇴하셨습니다. 언론사에 소속되어 있지 않다 뿐이지 취재하고 글 쓰는 일은 계속하실 텐데요. 앞으로 어떤 일을 하게 될지 궁금합니다. 책으로 쓰고 싶다고 생각한 소재도 많을 것 같은데요.

그동안 기자 생활을 하면서 흥미로운 사건이나 인물이 있어도 여유가 없었는데, 이제 하나씩 정리해볼 생각이에요. 일단 관훈클럽(신영기금)에서 지원받아 내기로 한 책을 먼저 쓸 예정이고요, 또 군의 대북 공작에 대해 써볼 생각입니다.

자세히 설명할 수는 없지만, 흥미로운 인물을 하나 포착해서 살펴보고 있어요. 사건은 사건으로 덮인다고 하잖아요. 그런 것처럼 대형 사건이 터졌을 때 덮인 사건 중에도 굉장히 의미 있는 사건과 인물들이 있더라고요. 박정희 전 대통령이 피살된 10·26사건이나 12·12쿠데타, 또 5·18광주민주화운동이라는 대형 사건이 연이어 터지면서 알려지지 않고 묻혀버린 한국 정보기관의 의미 있었던 사건과 인물들을 살펴보려고 합니다.

어떤 주제든 계속 취재하고 글 쓰는 일을 할 것 같아요. 제가 기자를 해야겠다고 생각했던 것은 〈김중배 칼럼〉 〈김훈의 문학기행〉 같은 선배들의 글을 보면서였어요. 조갑제 기자의 치열한 현장 취재, 김충식 기자의 독자를 몰입시키는 뛰어난 스토리텔링에 대해 많은 생각을 해왔죠. 취재도 중요하지만 그런 글을 보면서 롤모델로 삼아왔는데 잘되었는지 모르겠네요. 특별한 글쓰기 철학이 있는 것은 아니지만, 그동안 해왔던 것처럼 사실을 정확히 쓰는 것이 결국 제가 잘할 수 있는 일이라고 생각해요. 앞으로도 그렇게 쓰고 싶습니다.

———

"뛰어난 기자는 스파이 기질이 있다"는 말이 있다. 김당에게 "사실의 아들"이라는 별명을 붙여준 소설가 김훈의 말이다. 기밀을 다루는 첩보원의 세계를 수십 년간 들여다본 그는 어느새 첩보원과 닮아 있었다. 그가 언론사를 떠나도 첩보원을 닮은 기자의 본질은 달라지지 않을 것이다. 앞으로 그가 선보일 논픽션도 첩보원이 파헤친 비밀스러운 이야기를 닮았을 것이다.

의혹을
부인할 수 없는
진실로
못 박기

그물을 던져
글감을 낚는 기자

고
경
태

"그물을 내려 혼획하듯 다양한
　자료들을 훑고 살펴보면 의문이
　생겨나고, 이를 해소하는 과정에서
　새로운 아이템이 보이게 돼요."

고경태

1994년 주간지 《한겨레21》 창간팀에 입사해 베트남전 민간인 학살을 보
도해왔다. 《한겨레21》 편집장, 《씨네21》 편집장, 《한겨레》 토요판 에디터
등을 지냈다. 2023년 사회부 사건팀의 평기자로 돌아가 한국전쟁 민간
인 학살을 다룬 〈본헌터〉를 연재 중이다. 지은 책으로 《유혹하는 에디터》
《글쓰기 홈스쿨》 《대한국민 현대사》 《한마을 이야기 퐁니·퐁넛》 《굿바이
편집장》 《베트남전쟁 1968년 2월 12일》 등이 있다.

고경태 기자의 텔레그램 메신저가 계속 울렸다. "축하해요." "고생했어요." 2023년 2월 7일, 오래 몸담아온 《한겨레21》의 연수생 교육이 있던 날이었다.

이날 서울중앙지법에선 베트남전쟁 당시 한국군이 민간인을 상대로 총을 쏴 학살한 행위에 대해 국가가 피해자들에게 배상해야 된다는 1심 판결이 나왔다. 고경태는 재판 결과를 자세히 살피지 못한 채 교육에 나섰다.

그가 축하 메시지를 받은 까닭은 '고경태＝베트남'이라는 공식이 생긴 20여 년 전으로 돌아가야 알 수 있다. 그는 1994년 《한겨레21》 창간팀 편집기자로 입사한 뒤 각 나라의 통신원들을 담당해왔다. 당시 베트남에 있던 구수정

통신원(현 한베평화재단 이사)이 베트남전 당시 한국군의 민간인 학살을 조사한 보고서가 있다고 했다. 두 사람은 곧 의기투합했다. 베트남 지역 곳곳을 돌며 문서를 검증한 구수정이 쓴 첫 기사가 1999년 5월 보도됐다.

구수정의 현지 보도와 함께 고경태는 한국에서 편집기자로 일하면서 동료들과 함께 직접 취재에 나섰다. 참전 군인과 만나 학살 당시 상황을 조사했고, 미군이 촬영한 한국군의 민간인 학살 현장 사진도 발굴해냈다. 중앙정보부(현 국정원)에서 한국군의 민간인 학살을 조사했다는 사실도 드러났다. 당시의 보도와 취재 기록은 이번 판결에서 증거로도 쓰였다.

계속된 보도는 한국이 외세의 침략에 시달렸지만 남의 나라를 괴롭히거나 피눈물 흘리게 한 적이 없는 '백의민족'이라는 환상을 무참히 깨트렸다. 2000년 6월 베트남 참전 군인들이 서울 마포구의 한겨레신문사를 찾아와 집기들을 부수며 집회를 벌였고, 사무실엔 항의와 응원 전화가 각각 빗발쳤다.

뜨거웠던 베트남전 민간인 학살 보도가 2000년대 초반 일단락된 뒤로도 고경태의 기자 경력은 계속 이어졌다. 편집기자로 계속 일하다 팀장, 부국장, 편집장, 신문부문장(신문총괄), 출판국장 등 다양한 일을 했고, 자회사 매체를

고경태

만들어 대표로 일하기도 했다.

그러다 그가 베트남을 다시 찾은 게 2013년 1월이었다. 아버지의 신문 스크랩을 바탕으로 쓴 책《대한국민 현대사》를 정리하면서 문득 눈에 들어온 게 1968년이었다. 북한 무장공작원 김신조 일당의 청와대 습격사건, 대낮의 사이공 거리에서 권총을 들어 즉결처형하는 응우옌 응옥로안Nguyễn Ngọc Loan 준장의 모습이 사진에 찍힌 '사이공 처형' 사건, 그리고 해병대 청룡부대 제1중대가 베트남 꽝남성 디엔반현의 퐁니·퐁녓 마을에서 70여 명을 학살한 사건까지. 모두 1968년 벌어진 일이었다. 당시는 국제적인 혼란의 시기였고, 그 맥락 속에서 민간인 학살이 벌어졌다는 걸 고경태는 깨달았다. 이 깨달음이 10여 년 전 취재를 마무리했던 베트남으로 그를 다시 이끌었다.

2001년 3월의 어느 날 반나절가량 베트남 퐁니·퐁녓 현장을 취재했었다. 그때 쓴 기사가 약 4페이지 분량이었다. '74명이 숨진 사건을 너무 단편적이고 얄팍하게 쓴 건 아닌가' 하는 생각이 들었다. 자세히 생각하면 풀리지 않았던 의문이 많았다. 도대체 그날 무슨 일이 벌어진 것일까.

끝내 풀리지 않은 막연한 질문에 이끌리듯 그는 베트남으로 향했다. 누가 시키지도 않았지만, 그동안 잊고 지냈던 풀리지 않은 의문을 해소하기 위해서였다. 그 결과를

2013년 《한겨레21》에 1년 동안 연재했고, 이를 묶어 2015년 펴낸 책이 《베트남전쟁 1968년 2월 12일》(이하 《1968년》)이다.

오랜 시간 뒤에 다시 붙잡고 풀어낸 베트남에서의 끔찍한 이야기. 최선을 다했지만 책을 펴낸 뒤에도 궁금증이 이어졌다. 다시 책상에서 일어나 자료를 뒤지고 베트남을 찾고 사람들을 만났다. 2019년 《한겨레21》에 〈고경태의 1968년 못다 한 이야기〉를 다시 보도했고, 새롭게 취재한 내용을 추가해 2021년 《1968년》의 개정판을 펴냈다. 한국의 법원에서 나온 첫 판결이 나오고 얼마 뒤 그와 만났다. 20여 년간 하나의 주제에 매달리게 만든 것은 과연 무엇이었는지 물어보았다.

———

1심 법정에서 승소했죠. 축하드립니다. 법원 판결 소식에 누구보다 뿌듯했을 것 같은데, 현장에 없었다니 의외였어요.

딱히 법원에 가볼 생각은 안 했어요. 솔직히 말하면 안 될 것(패소할 것) 같았거든요. 재판에 증인으로 출석한 적이 있는데, '쉽게 될까?' 그런 분위기였어요. 결과가 좋게 나와서 다행이죠.

20년이 넘었죠. 처음 베트남전 민간인 학살 문제를 보도한 게요. 첫 보도로 공론화가 된 이후에는 시민단체 등의 활동도 있었지만, 오랜 시간 이 주제를 계속해서 다뤄온 기자는 거의 유일한 것 같아요.

1999년 보도가 처음 시작됐으니까. 24년 만인데 저도 이렇게 계속 이어갈 줄을 그때는 몰랐죠. 파도 파도 새로운 이야기가 나오네요. 그런데 다른 매체에서는 많이 보도하지 않더라고요. 사실 꽤 파급력이 있는 주제잖아요? 생각보다 이 주제를 파헤치려는 기자들이 없었어요. 그러다 보니 제가 계속하게 됐죠.

중간에 공백기가 있었지만 24년 동안 하나의 주제를 계속 다룬다는 게 상상이 안 됩니다. 길어야 2-3년이면 부서를 옮겨 다니는 취재 기자의 패턴을 생각하면 더욱 그래요. 하나의 주제를 장기간 취재하면 좀 질리지 않을까 하는 생각도 솔직히 들고요.

왜 질리지 않겠어요. 1999년 시작한 보도가 1년 동안 계속됐어요. 매주 기사를 썼는데 사실 2000년에 이미 질려버렸죠. 당시 연재를 마치고 한동안 베트남에 대해 기사를 안 쓴 것은 그런 이유도 있었죠. 새롭게 쓸 게 있을까 하는 생각도 했거든요. 그 뒤로는 편집기자로《한겨레21》《씨네21》《한겨레》를 옮겨 다니면서 일했어요. 그렇게 잊고 지내는 줄 알았는데, 사실 의문이 남았나 봐요. 제대로 쓰지 못한 것 같다는 부채 의식도 있었고요. 결국 책으로 쓰고 다시 개정판까지 내게 됐네요.

오래 전 이미 취재한 주제이기 때문에 어떻게 보면 비교적 간단하게 쓸 수 있지 않을까 하는 생각도 드는데….

전혀 쉽지 않았어요. 저는 이 책에 코를 대면 발냄새 땀냄새가 날 정도예요. 베트남 현지를 찾는 취재도 많았고, 자료를 새로 찾아 정리하고 과거 연락이 닿았던 취재원들에 다시 연락해서 인터뷰도 여러 번 해야 했어요. 꽤 열심히 취재했다고 자평합니다.

그런 고생의 결과물이라서 그런지 책의 구성을 보면 방대한 내용을 다루고 있어요. 《한겨레21》 연재물로 시작되어서인지 각 장이 하나하나의 완결된 이야기이면서도 전체는 유기적으로 잘 연결되어 있어요. 처음부터 책으로 낼 계획이 있었던 것 같은데, 어떤가

고경태

요?

2015년 초판은 2013년부터 1년 동안 연재한 30편의 기사가 담겼고, 2021년 개정판에는 2019년 연재한 기사를 비롯해 7편이 추가되었죠. 처음부터 책에 쓸 생각으로 목차를 구성하면서 순서를 짰어요. 일반적인 기사와 책은 또 다르잖아요. 책으로 재미있게 읽히도록 고민해서 글을 순서를 정했던 게 긍정적으로 작용한 것 같아요.

단순히 기사를 묶어서 낸 게 아니라는 뜻이죠? 책에 담기 위한 글을 썼고, 다만 기사로 먼저 공개했다는 의미로 들리네요. 기사와 책으로서의 논픽션은 사실을 쓴다는 점에서 같은데, 어떤 점이 다른가요?

매일 보도되는 기사는 특정한 주제를 놓고 벌이는 '이슈 파이팅'의 측면이 강하죠. 이슈를 알리는 것 자체가 목적이니까요. 그래서 특정 사안을 보도할 때는 이슈로 만들어야 하는 그 당시의 상황을 고민하지 않을 수 없죠.《한겨레21》에서 처음 베트남전 민간인 학살 문제를 보도했을 때는 이것을 사회적으로 의제화해야 한다는 의무감이 있었습니다. 제대로 알려지지 않은 일이었으니까요. 정리하면 기사, 즉 저널리즘은 그야말로 사회적 의제를 널리 알리는 기능을 합니다.

그런데 시간이 흐르고 책으로 정리하는 것은 조금 달랐어요. 저 스스로도 좀 더 차분하게 사안을 볼 수 있었고, 무엇보다 화제로 만들어야 한다는 목적에 종속되는 게 아니라 나만의 프레임을 가지고 이 사건을 바라보게 됐다는 게 달랐죠. 저는 퐁니·퐁녓 사건과 그에 관계된 역사성과 세계사적 인과관계를 나름의 탐구 대상으로 삼았던 것이에요. 책은 철저하게 나의 것입니다. 사실을 쓴다는 것은 기사와 논픽션 모두 같지만 이런 점에서 다르다고 봐요.

그런 의미에서 보도 기사를 모아 책으로 낸다고 바로 이런 의미를 담기는 힘들다고 봐요. 대중이 인지하는 사실을 새로운 방식으로 풀어낸다는 것이 책으로 쓰인 논픽션의 특징이라고 생각되는데, 뉴스가 다루는 새로운 사건과 이슈를 논픽션에 담겨야 할 역사성과 저자의 관점을 담아 바로 풀어내기란 힘들지 않을까요. 처음부터 책으로 쓰려고 한 것도 이런 고민 때문이에요.

《1968년》에도 2000년 무렵 인터뷰했던 인물을 다시 만나 이야기하는 내용이 나오잖아요. 기사와 책의 목적이 다르다는 점에서 보면 같은 인물이 하는 이야기도 다르게 느껴지는 것 같아요. 특히 저는 월남 파병 한국군 장교의 이야기 중 최영언 중위에 대한 에피소

고경태

드가 흥미로웠어요.

저도 취재하면서 최영언 중위의 이야기가 가장 재미있고 인상적이었어요. 학살이 벌어진 퐁니·퐁녓 마을에 갔던 1중대 1소대장이었죠.

이분과 처음 연락이 닿은 게 2000년인 것 같네요. 국방부 출입기자 선배를 통해서 번호를 확인하고 전화했는데 그분이 깜짝 놀라면서 '드디어 올 게 왔구나' 했대요. '그것(민간인 학살)을 물어보겠구나' 짐작하셨대요. 그리고 많은 이야기해주셨죠. 이전까지 한 번도 이야기한 적이 없다고 해요. 2000년 인터뷰에서 당시 1소대가 마을을 떠난 뒤 총소리를 들었으며 1중대장이 조기 귀국했고 이후 장교들이 중앙정보부의 조사를 받았다고 증언해주었죠. 책을 쓰기 위해 이후에 다시 만났을 때도 해병대와 관련된 다양한 이야기를 해주셨고요.

껄끄러울 수 있는 이야기일 텐데 의외로 과감하게 들려주었군요. 설득이 어렵지는 않았나요? 그러니까 입을 열기 어려운 취재원을 설득하는 비결이 있을까요?

특별한 비결은 없어요. 다행히 인터뷰에 응해주었던 것이죠. 예의바르게 다가가는 것 말고 다른 게 없죠. 대신 인터뷰를 할 때는 그저 생애 전체를 듣겠다는 생각으로 여유 있게 다가갑니다. 팩트를 확인해야겠다고 성급한 태도로 질문하지 않고 '세월아 네월아' 하는 태도로 이야기를 했다고 할 수 있죠.

이분이 전역하고 방송국 PD를 하셨어요. 인터뷰할 때는 세상 돌아가는 이야기나, 이런저런 본인 자랑, 자신의 건강 비결 같은 이야기를 많이 하세요. 그렇게 말하는 것을 인내심 갖고 듣는 거죠. 이분이 엄청난 반공주의자에 해병대 출신이라는 '가오'가 있는 분이세요. 그런데도 서로 코드가 맞았는지 이야기 나누는 게 싫거나 힘들지 않았어요. 민간인 학살을 저지른 당사자는 아니어서 감추고 숨겨야 할 사실이 없었기 때문인지는 모르겠습니다.

인터뷰는 대체로 한 번에 마무리한 적은 없었어요. 기본 인터뷰를 하고, 사진이 있는지 물어봐서 사진 받으러 가고. 사진 받아서 스캔한 뒤 다시 만나서 이야기하고. 글 쓸 때는 전화해서 추가로 질문하고. 여러 번 이야기하죠. 단발성 신문 기사라면 모르지만, 역사적인 사건을 다룰 때는 인터뷰이를 한 번만 만나서는 안 된다고 생각합니다.

고경태는 특별한 취미가 있는 것은 아니지만 그렇다고 일에만 붙잡혀 살지도 않는다고 했다. 시간이 날 때는 술도 마시고 산에도 가고 맨손 체조도 한다는 것이다. 하지만 그의 이야기를 들어보면 글을 쓰고 취재하는 일에만 몰두한다는 인상을 받았다. 이 책을 쓰기 위해 평일이나 주말을 가리지 않고 매달린 것도 사실이다. 누가 시켜서 억지로 한 것은 아니다. 일이라 생각한 것도 아니었다.

이렇게 오랫동안 깊숙이 취재하는 것은 뭘랄까. 보통의 기자라면 기회도 없겠지만 하겠다고 쉽게 나서기도 어려울 것 같아요. 무엇보다 자기 시간을 따로 빼서 쓰지 않으면 취재가 어렵잖아요. 회사에서도 기약 없이 시간을 주지는 않을 테니까요.

그렇긴 한데 시켜서 한 일이 아니니까 제 시간을 기꺼이 내서 할 수 있었던 것이죠. 거꾸로 데스크(상사)가 시켜서 '언제까지 해오라'고 한 일이었으면 엄청 고통스러웠을 거예요. 그렇게 해서는 한계가 왔겠죠. 지시와 보고 같은 일반적인 방식으로 취재가 이뤄졌다면 여러 사람의 의견을 듣는 일종의 편집회의를 거치게 되니 결과물의 질도 더 좋아질지 모릅니다. 하지만 나 혼자 자료를 찾고, 글로 정리하는 일은 다른 측면이 있어요. 의문을 풀어가고 새로운 사실을 알아갈 때 느껴지는 순수한 즐거움이 있죠. 책 쓰러 베트남에 갔을 때도 내 휴가 써서, 내 돈 들여서 갔으니까요.

논픽션 취재는 오랜 시간이 걸릴 수밖에 없지 않나요. 어지간한 기자라면 아무리 즐겁다고 해도 그렇게 많은 시간을 쏟을 수 있을까 하는 의문도 들어요. 정작 시간을 쏟아 취재해도 결과물이 별로일 수도 있잖아요.

그렇죠. 2013년에 베트남에 갈 때도 '내가 왜 베트남에 가야 하지?' '과연 가야 하는 걸까?' 하고 비행기 타기 전까지 고민했으니까요. 2000년 무렵에 쓴 기사를 다시 읽어보니 더 걱정이 되더라고요. 다시 시간을 들여 취재했는데 알맹이도 없고 '옛날에 쓴 거 재탕하는 거 아니냐'고 비판받거나 비웃음 사지 않을까 하는 공포가 있었죠. 그럼 쪽 팔리잖아요. '내가 뭐 하고 있는 거지' 하는 기분이 많이 들었습니다.

그런데 조금만 알아보아도 전혀 알려지지 않았던 새로운 사실이 보이더군요. 특히 현장에 가보니 더욱 그랬어요. 해병대의 전설이라고 꼽히는 '짜빈동 전투'의 현장에 가면 오히려 베트남의 승전비가 있다는 사실도 취재를 새롭게 하면서 밝혀낸 것이에요. 현장에서 취재한 기자가 전혀 없었기 때문에 알려지지 않았던 거죠. 우리 사회가 역사에 무관심했구나 생각하면서 시간을 투자할 만한 가치가 있겠다고 조금씩 확신해갔던 것 같아요. 새로운 사실을 알

고경태

"기록은 타이밍이 중요해요. 기억이란 것은 시간이 지나면 변하기도 하고 잊혀요. 기록한다는 것은 결국 시간을 놓치지 않는 것이에요."

사진 제공 고경태

아가는 즐거움을 동력 삼아 꾸준히 이어온 거죠.

앞서도 잠깐 언급했는데, 베트남전 민간인 학살 같은 주제는 뉴스 가치도 크고 충격적인 내용도 많지만 생각보다 많은 기자들이 달려들지는 않는 것 같아요. 생각해보면 기자들 사이에서 이 주제가 '《한겨레》와 고경태의 아이템'이라는 인식이 있는 것도 사실이고요. 더 이상 새로운 아이템이 있나 하는 의구심도 들어요.

그런가요? 전 이 주제에 다른 기자들이 뛰어들어도 계속 새로운 이야기들이 나올 거라고 봐요. 이 주제가 아니라도 대부분의 아이템이 그렇지 않나요? 사실 제가 예전에 이 일을 처음 취재한 것도 훗날 중요한 주제가 될 거라 생각했기 때문은 아니에요. 중요한 이슈이기는 했지만, 오히려 하다 보니 중요해진 면도 있어요. 2000년 무렵에도 다른 매체에서 적극적으로 취재를 안 했죠. 생각해보면 베트남전은 한국 사회에서 경제 성장이나 반공 투쟁의 가치로 바라봐 미화된 측면이 있어요. 그래서 그런지 기자와 독자 모두 그 부정적 유산에 대해 교육받지 못했을 테죠. 그래서 적극적으로 뛰어드는 언론이 많지 않은 게 아닌가 생각해본 적도 있어요.

미국에서는 베트남전을 다룰 때 부상자나 사망자를

고경태

소개하고 처참하고 참혹한 모습을 주로 다루죠. 한국에서 베트남전은 의기양양한 모습이 주로 다뤄지고 부상자 사진 같은 건 거의 소개되지 않아요. 부상자 사진이 나오는 경우는 지휘관의 격려 장면 같은 데서죠. 그러니 오히려 우리에겐 아직 알려지지 않은 주제와 아이템도 더 있을 것 같아요. 저도 오래도록 꾸준히 취재를 하면서 기자로서 의미 있는 주제와 아이템을 계속 찾아갔으니까요. 오래 하니 잘 보이는 것도 사실일 거예요. 투자로 치면 아무도 관심 안 가질 때 운 좋게 저점에서 매수해서 장기 보유한 셈이죠.

듣다 보니 궁금한데, 아이템 발굴법이 있나요? 그동안 베트남전에 대한 정말 다양한 에피소드를 소개해 왔잖아요. '이런 것은 책이 되겠다'거나 '이런 주제로 글을 쓸 만하겠다'처럼 글감 발굴법이 궁금해요.

제가 자주 생각하는 게 '혼획'입니다. 조업 방식인데 그물을 내려서 특정 어종을 정해두지 않고 이것저것 걸리는 대로 잡는 것이죠. 취재 아이템을 찾는 것도 비슷한 과정 같아요. 책을 쓸 때 대략 대여섯 가지 주제를 생각해두고 취재하면서 혼획하듯 다양한 자료들을 훑고 살펴보는 거죠. 그러다 보면 의문이 생겨나고 이를 해소하는 과정에서 새로운 아이템이 보이게 됩니다. 취재하면서 이런 혼획을 계속하면 이후 실제 쓸 수 있는 아이템은 처음에 계획한 것보다 10배는 늘어나요. 점점 나도 모르게 방대한 주제들을 알아가는 것이죠. 관심 있는 주제가 있다면 제한을 두지 않고 살펴보면서 궁금증을 키워가는 것이 도움이 될 거예요.

《1968년》은 무겁고 참혹한 역사적 사실을 다룬 작품이지만 의외로 가볍고 쉽게 읽힌다. 간결한 단문을 중심으로 이야기가 속도감 있게 이어진다. 그는 어린 학생들을 위한 작법서 《글쓰기 홈스쿨》(2011)이나 편집자를 위한 글쓰기 안내서 《유혹하는 에디터》(2009)를 통해 '쓰기 교사'로서도 이름을 날린 바 있다. 그의 글쓰기 철학과 원칙을 들어보고 싶었다.

글쓰기 방식이 궁금합니다. 우선 본문의 첫 문장부터 눈에 띄어요. 1부 첫 장은 베트남 사이공 거리에서 벌어진 응우옌 응옥 로안 장군의 즉결 처형 장면을 다루죠. 사진으로 더 유명한데요. 첫 문장이 '흡!'이에요. 처형당하기 직전 인상을 찌푸린 군인의 신음 소리죠. 두 번째 장의 첫 문장은 '탕!'입니다. 김신조 일당의 청와대 습격으로 발사된 총성이고요. 한 글자로 시작

고경태

하는 첫 문장, 꽤 파격적이지 않나요.

첫 문장을 어떻게 쓸지 항상 고민하죠. 지금 보면 조금 유치하기도 하지만, 나름의 원칙이 있습니다. 애들 글쓰기 교재로 쓴《글쓰기 홈스쿨》에 '첫 문장은 짧게 쓴다'고 해놨습니다. 예외는 분명히 있겠지만, 빨리 본론으로 빠져들 수 있게 짧게 쓰는 것을 중요하게 생각해요. 여기서 주제는 총이죠. 그래서 총을 쏘면 울리는 소리 '흡' '탕'을 짧게 끊어 썼습니다. 그 소리를 시작으로 글을 이어가기로 한 거죠.

첫 문장뿐 아니라 빠르고 경쾌한 리듬을 주는 짧은 문장들도 자주 보입니다. 단문을 주로 쓰는 것은 의도한 것일 텐데요. 단문 말고 글을 쓸 때 특별히 주의하는 점이 또 있나요.

문장을 놓고 보면 같은 표현과 단어가 반복되지 않게 하려고 주의하는 편이에요. 글 전체로 보면 이오덕 선생께서 쓰신《우리글 바로 쓰기》(1989)의 '글은 솔직하게 써야 한다'는 대목을 자주 떠올리죠. 진지한 글을 써야 할 때는 젠체하지 않고 솔직하게 쓰자고 주의하고 있어요.

사실 글쓰기에 있어서 가장 중요시하는 것은 '재미'입니다.《한겨레21》에서 편집기자로 일하면서 광고 카피를 만들어야 하는데 재미없는 이야기를 어떻게 재미있게 포장하나 항상 고민이 많았거든요. 그러다 보니 습관처럼 어떻게 하면 재미있게 쓸까 고민이 많죠. 좋은 글은 유머가 있는 글이라고 생각해요. 어깨에 힘만 빼도 유머가 나옵니다. 《1968년》은 유머러스하게 쓸 수 있는 책은 아니지만, 쉽고 재미있게 읽히면서 유머가 담긴 글을 쓰는 것이 제가 추구하는 방향이에요.

책으로 봐도 그렇지만 연재된 기사 목록을 보면 원고량이 엄청날 거 같아요. 마감이 자주 돌아왔겠어요. 기자든 작가든 마감에 닥쳐서 글을 쓰는 일이 많잖아요. 글을 마감 전 미리 쓰는 편인가요 아니면 마감에 몰려 쓰는 편인가요.

제가 마감에 닥쳐서는 글을 못 쓰는 스타일이에요. 미리 써둘 수밖에 없어요. 마감 2시간 남겨두고 쓰는 그런 강심장은 못 됩니다. 저는 초고 쓰는 게 가장 힘들거든요. 그래서 일단 초고를 완성하는 것을 중요하게 생각해요. 엉망이라도 초고가 있으면 지우고 다시 고쳐 쓰는 것은 상대적으로 쉽습니다.

글을 쓰기 전에는 머릿속으로 계속 구상해두죠. 기본적인 순서나 글을 흐름 같은 것을 떠올려 보고, 짧은 글로

고경태

정리하면서 계속 고쳐보는 거죠. 그렇게 쓰고 또 쓰다 보면 감이 오고 글이 풀리기 시작합니다. 마감이 있으면 최소한 일주일 전에 초고를 완성하려고 합니다. 대강의 아이디어나 엉성한 형태로라도 써둬야 해요. 초고가 잘 나오면 그다음부터는 한결 수월해지죠.

완성된 글이 쉽고 빠르게 읽히는데, 그 과정은 매우 힘들다는 게 의외네요.

글 쓰는 사람은 다들 비슷하죠. 글 쓰는 것은 참 고통스럽고 어려운 작업이에요. 매번 절망합니다. 어떤 글도 똑같은 것은 없으니까요.

저도 힘들어요. 컴퓨터 켜놓고 인터넷 하거나 자꾸 딴짓하잖아요. 글쓰기 모드로 바뀌기를 기다리다가 한 3-4시간 딴짓하고, 결국 한 줄도 못 쓰는 날도 있고요. 사실 마감이 글을 쓰게 하는 것이죠. 마감은 정말 무서워요. 마감 없이 혼자 글을 완성하려면 반드시 글을 쓴다는 자신과의 약속과 이를 지키는 엄격함이 필요하죠. 쉽지 않잖아요. 글 쓰는 게 힘들어서 마감이 없는 글은 10개월 동안 미루기도 했어요.

결국 글을 쓸 때는 타의에 구속되고, 외부 통제를 받는 것이 필요할 때가 있어요. 마감이 정해지면 마감을 준

수해야 한다는 생각만 합니다. 개정판을 쓸 때 편집자랑 상의해서 언제 초고 보내고 교열하고 책은 언제 나오고 하는 일정을 잡았는데, 모든 마감을 다 지켰어요. 책 나오기로 정한 날에 딱 책이 나왔으니까요. 제 자신도 대단하다고 생각하는데 편집자도 정말 대단한 거죠.

그래도 글이 영 안 써질 때도 있죠. 지금도 어떻게 해야 글이 잘 써질까 고민이 많아요. 글 쓰는 데 사용하는 프로그램 있잖아요. 한글이나 워드, 언론사용 집배신 프로그램 같은. 어떤 프로그램을 쓰느냐에 따라서 잘 써지기도 하고 안 써지기도 하는 듯해요. 정해진 것은 아니고 상황마다 다른 걸 써봐요. 어떤 활자체를 쓰느냐도 영향을 미치는 것 같고요. 다양한 고민을 해보죠.

또 다른 습관은 글을 쓰면 꼭 PDF 형태로 저장해서 글을 확인합니다. 프린트하기도 하고요. 글을 쓰던 워드프로세서 화면에서 그대로 글을 확인해 고치는 것과는 다릅니다. 고쳐야 할 지점이 더 잘 보여요. 이런 식으로 초고를 열 번 이상은 고치려고 하는 편이에요.

이렇게 글을 쓰는 기자가 드물다는 생각이 들어요. 쉽게 터득할 수 없는 노하우일 테지만, 영향받은 다른 기자나 작가가 있나요? 인상 깊게 본 책이 있다면 함

고경태

께 소개해주세요.

《월간조선》의 조갑제 기자가 쓴 《김기철 씨는 왜 요절했나》라는 책이 있어요. 이 책의 출발은 그가 월간지 《마당》에 1981년에 쓴 기사예요. 처음 기사를 쓰고 미흡하다고 느꼈나 봐요. 취재하던 사건의 핵심 인물 두 명을 인터뷰하지 못해서 찜찜했던 거죠. 보도한 이후에 조갑제는 신문에 사람 찾는 광고를 내겁니다. 그렇게 당사자와 연결됐고 인터뷰와 추가 취재를 하게 됩니다. 당사자들을 서로 불러서 대질도 시켜가면서 본인이 풀지 못한 의문을 해소해 나가요. 그가 이 사안에 집착했고, 풀리지 않는 의구심을 놓지 않았던 것은 제대로 써보겠다는 열망이 있었기 때문이겠죠.

저도 《1968년》을 쓰면서 비슷한 과정을 거쳤어요. 오래전 기사에서 미흡했던 것과 아쉬웠던 점들이 아버지의 스크랩북을 보면서 다시 떠오른 거죠. 처음부터 엄청난 탐사보도를 하겠다고 나선 게 아니라는 얘기예요. 제대로 해소되지 않은 어떤 의문들이 있는지 계속 찾아내려고 했어요. 그런 점에서 《김기철 씨는 왜 요절했나》에서 영향을 받았다고 할 수 있을 것 같아요. 조갑제의 다른 책도 대체로 좋은 논픽션이라고 생각해요. 박정희 전 대통령의 생애를 다룬 《내 무덤에 침을 뱉어라》(1998-2001)도 우익적 관점에서 쓴 책이라는 논란이 있지만, 기록 자체는 의미가 있고 재미있는 책이었어요. 김충식 기자의 《남산의 부장들》이나, 《한겨레》 출신 김효순 기자의 《간도 특설대》(2014)도 좋은 영감을 주는 책이었어요. 대부분 역사를 다룬 책이네요.

《1968년》도 역사 논픽션이죠. 역사라는 건 결국 기록하는 것이잖아요. 이 책을 쓰기 위해서 기록된 역사를 찾아보기도 하고, 기록되지 않은 것들을 정리해 종합하면서 결국 기록으로 남기게 됐고요. 기록을 남긴다는 것은 어떤 의미일까요.

한국군이 저지른 베트남전 민간인 학살에 대해 '베트콩의 자작극'이라는 주장도 있지만 그런 주장을 증명하는 자료는 아무것도 없습니다. 반대로 민간인 학살은 수많은 증언과 자료들이 남아 있어요. 한국군이 지나간 다음 촬영된 퐁니·퐁녓 마을 사진에 여성들과 어린아이들의 참혹한 죽음이 담겨 있어요. 이곳은 심지어 발포 제한 구역이었습니다. 이런 사실을 두고 '의혹이 있다'고 하거나 '자작극일지 모른다'고 하는 것은 억지로 진실을 외면하는 것이라고 생각해요. 아니면 피해자들을 당연히 죽여도 되는 존재라고 생각했기 때문일지도 몰라요. 하지만 어떤 식으로 해석

고경태

해도 학살을 부인하거나 정당화하거나 책임을 면제할 수는 없다고 생각해요. 이런 사실을 다시 기록으로 남겨놓는 것이 제가 하려 한 작업이죠.

과거를 기록한다는 것은 결국 시간과의 싸움입니다. 지금 기록하지 않으면 안 되는 일이 참 많잖아요. 베트남전 민간인 학살의 목격자와 생존자, 참전군인 등 많은 사람이 지금 세상을 떠났어요. 조금만 더 일찍 만났다면 더 많은 사람의 이야기를 들을 수 있었을 텐데 하는 후회가 있습니다. 2001년에 퐁니·퐁녓 취재할 때 저는 그 현장에 딱 하루 갔어요. 그보다 더 오래 머물거나 자주 갔다면 좀 더 생생한 기록을 남길 수 있지 않았을까요. 당시도 많은 피해자와 목격자가 사망한 뒤였지만, 지금보다는 더 많은 이들이 생생한 이야기를 증언해주었을 것이라고 생각하면 아쉬워요. 그래서 기록은 타이밍이 중요해요. 기억이란 것은 시간이 지나면 변하기도 하고 잊혀요. 사람의 기억은 퇴색하고 씻겨 내려가는 것이니 더욱 진지하게 다뤄야 하죠. 기록한다는 것은 결국 시간을 놓치지 않는 것이에요.

고경태 기자와 함께 베트남전 민간인 학살을 취재,

보도한 구수정 한베평화재단 이사는 《1968년》의 발문에 이런 말을 남겼다.

"역사는 기억하는 자의 것이다. 다르게 말하자면, 기록하는 자가 역사를 만들어간다. 거친 말이 되겠지만, 고경태는 이 한 권의 책으로 지난 20년간 한국 사회에서 '의혹'으로 남아 있던 퐁니·퐁녓 학살을 누구도 부인할 수 없는 영원한 진실로 못 박아버렸다."

논픽션을 쓴다는 것은 이렇게 의혹을 부인할 수 없는 진실로 못 박는 어려운 과정이다. 인터뷰하는 내내 고경태의 말투는 무심했다. 평소에도 비슷했다. 하지만 자부심이 느껴졌다. 20여 년을 이어온 성실한 관심, 그리고 집요한 취재와 글쓰기에서 나온 자부심이다.

고경태